Lena Häfermann

Die Bremer Neustadt

DER VIELFÄLTIGSTE STADTTEIL

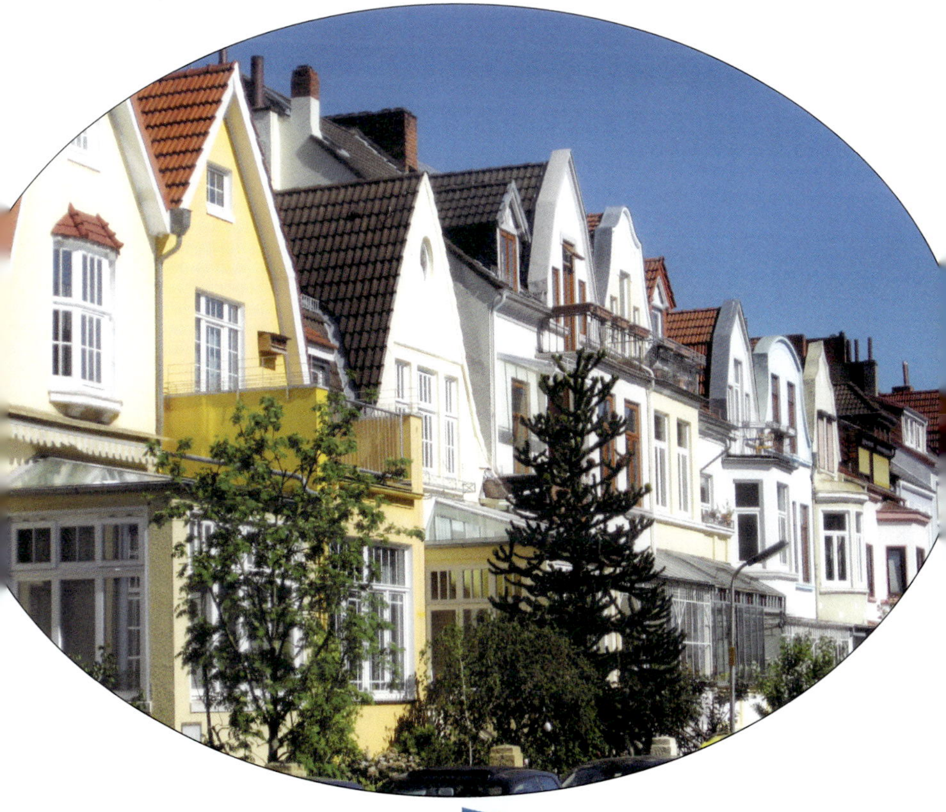

Dieses Buch ist bei der Deutschen Nationalbibliothek registriert. Die bibliografischen Daten können online angesehen werden:
http://dnb.d-nb.de

Lena Häfermann, Jahrgang 1985, ist vor mehreren Jahren von Gittelde in Südniedersachsen nach Bremen gezogen. Die Hansestadt bildet den Mittelpunkt ihres literarischen Wirkens: Drei Reiseführer, ein Quiz und ein Krimi sind bereits von der Autorin erschienen. Sie arbeitet als freie Redakteurin und Texterin.

Impressum

St.-Pauli-Deich 3 • 28199 Bremen • Tel. 0421-77866
info@kellnerverlag.de • www.kellnerverlag.de

Mitwirkende: Kai Klenner, Klaus Kellner, Siba Fitzau, Marieke Fischer, Lina Rohe, Jennifer Chowanietz, Hendrik Pradel

Umschlag: Designbüro Möhlenkamp & Schuldt, Bremen

Gesamtherstellung: DruckKellner, Bremen

ISBN 978-3-95651-233-9

Liebe Leserin, lieber Leser,

es hat sich herumgesprochen: Die Neustadt ist außerordentlich attraktiv – zum Wohnen, Arbeiten, Studieren oder einfach zum Besuchen.

Hochwertige kulturelle Angebote, kreative und erfolgreiche Start-ups sind hier ebenso zuhause wie weltweit agierende Betriebe der Luft- und Raumfahrtindustrie.

Die Nähe zur Innenstadt, zur Weser und zum Werdersee, familienfreundliche Wohnquartiere, engagierte und weltoffene Bürger*innen, Platz für Urban Gardening und das erste Fahrradmodellquartier Deutschlands – das sind nur einige Stichworte zur Neustädter Vielfalt, die es verdient, genauer vorgestellt zu werden.

Ich freue mich daher sehr über das aktuelle Buch, das Sie nun in den Händen halten:

Die Autorin Lena Häfermann wohnt selbst in der Neustadt und stellt den Stadtteil lebendig und anschaulich vor.

Lassen Sie sich von ihrer Begeisterung anstecken – ich bin sicher, das Buch bietet nicht nur für Neu-Neustädter*innen und Besucher*innen Interessantes und Nützliches, sondern auch für Menschen, die bereits eine Menge über unseren Stadtteil wissen.

Ich wünsche Ihnen eine anregende Entdeckungsreise.

Ihre Annemarie Czichon
Ehemalige Ortsamtsleiterin

Inhaltsverzeichnis

Der Stadtteilspaziergang. 8
Flüsseviertel 37
Neuenland 41
Südervorstadt. 46
Gartenstadt Süd 53
Huckelriede. 55
Gartenstadt Werdersee 62
Buntentor 63
Alte Neustadt. 76
Teerhof und Stadtwerder 97

Kunst & Kultur 106
Das Stadtteilmanagement 120
Tanz, Theater, Kunst und Musik 123
Kunst auf dem Teerhof 130

Exkurse über Neustädter Besonderheiten
Biergeschichte in der Bremer Neustadt 23
Südliches Gewerbegebiet und das EDU 34
Kleingärten zum Wohlfühlen. 36
Bremen Airport Hans Koschnick 42
Architektur und Altbremer Häuser 47
Die Neustadt und ihre Straßenbahn 71
Service für Ältere in der Neustadt 82
Freimarkt in der Neustadt. 86
Die Stolpersteine 92
Interview mit Prof. Dr. Ingo Mose 138
Schulen in der Neustadt. 144
Hochschule Bremen 154
Erinnerungskultur in der Neustadt 157

Nützliche Adressen **164**
Freizeit & Kultur 164
Sportvereine 167
Weitere Sportangebote 168
Kleingartenvereine. .169
Hotels & Pensionen .170
Kindergärten & Kindertagesstätten 172
Schulen & Hochschulen. 175
Museen 176
Religiöse Einrichtungen. 177
Ärzte & Krankenhäuser 179
Dienstleistungen 181
Apotheken 182
Senioren & Beratungen 183
Ämter & Polizei 185
Firmenporträts 188

Bildverzeichnis

Geoinformation Bremen: Seiten 6–7
Archiv BSAG: Seite 110
Heiner Brünjes: Seiten 71, 73
Nabia Basith: Seiten 22, 31
John Gerardu: Seiten 157, 158, 160
Walter Gerbracht: Seite 3
Lena Häfermann: Seite 2
Marvin Marckwardt: 115, 116
Hendrik Pradel: 11, 45, 47, 55, 60, 61, 68, 81, 83,108, 128, 133, 144
Peter Sondermann, City Luftbilder/Rotes Kreuz Krankenhaus: Seiten 74–75, 84–85, 103
Wikipedia: Seite 43
Sammlung KellnerVerlag: Seiten 12, 15, 16, 18, 28, 32, 79, 86, 88, 90, 93, 100, 104, 109, 105, 114
Alle anderen Fotos: Klaus Kellner

Woltmershausen
Hohen-
tor
Neu-
stadt
Grolland
Neuenland
Brauerei
Zollamt
Hohentor
Br. Br.-Neustadt
6
Hohen-
torspark
Sozialzentrum
Süd
Feuerw.
Ev.K.
Bremen
Neustadts-
Simon-Bolivar-Str.
Seumestr.
Am Gaswerk
Akazienstr.
Hermann-Ritter-Str.
Mittelkampstr.
Am Gaswerk
Schriefersweg
Wartumer
KiTa
Platz
Pumpwerk
Sportanl.
Spielpl.
281
Straße
Neuenlander
Heerstraße
Warturmer
Brem.Deichverband
a.r.Weserufer
Hakenburger
See
Umspannwerk
Güterbf.
Br.-Neustadt
Oldenburger
Carl-Franke-Str.
Bremen-
Neustadt
6
Richard-Dunkel-
Einkaufszentrum
Duckwitz
Siemens AG
75
Jobcenter
Süd
Schule
Langemarck
Tennispl.
Sport-
plätze
Sporthalle
Schulzentrum
KiTa
Neuenlander
6
Umspannwerk
Friedrich-Ebert-
Duckwitz-
Straße
TÜV
Kaffee-
rösterei
Maschinenfabrik
Flughafendamm
Bremer Straßenbahn-
verwaltung
Straßenbahn-
betriebshof
Bremen-
Airport-Stadt
7
Georg-Wulf-
Flughafendamm
Flughafenallee
Polizei
Hochschule
Bremen
Hanna-Kunath-
Zollamt
Flughafen
Henrich-Focke-Str.
Flughafenallee
Landesamt f. Verf.schutz
Empfangs-
gebäude
Verkehrs-
flieger-
schule
Cornelius-
Allee
Deutsche Post AG
Briefzentrum
Astrium
Raumfahrt In
Flughafen-
feuerwehr
Hunorpstr.
Vehrels
Str.
Bardenflethstr.
St.-
Lukas-K.
KiTa
Am Vorfeld
Am Vorfeld
Tom-Dyk-
str.
Emsland
Friesland
Süderbroker Str.
Hst.
Schule
Sp.Pl.
Sp.Pl.
Moorriemer Str.
Osterstader
Str.
Land-Wührdener-Str.
Ammerländer
Str.
Wurster Str.
Sagterländer
Str.
Brakkämpe
Reiderländer
Str.
Norderländer
Hadeler Str.
Jeverländer Str.
Oberledinger
Str.
Harlinger Str.
Kehdinger Str.
Wangerländer
Str.
Ostfriesische Str.
Altländer Str.
Upstals-
boom
Grollander Ochtum
Ochtum
Grollander
See
Verbindungsgraben Kuhlen
(Gde.Stuhr)
Lübecker Weg
Huchtinger Weg
Delmenhorster Weg
Heidkrugweg
Diepholzer Weg
Kladdinger Weg
Spiekeroogweg
Helgolandweg
Wangerooger Weg
Westerlandweg
Malvenweg
Nelkenweg
Ochtumdeich
Industrie-
Solinger
Dortmunder Str.
Bochumer Str.
Siegener Weg
Otto-Lilienthal-Str.
Essener Str.
Duisburger Str.
Am Reedeich
Rosenweg
Wendeweg
Marienweg
Eisenbahnerweg

Fesenfeld
Oster-
tor
Steintor
Bunten-
tor
Huckelriede
Kleine Weser
Osterdeich
Werdersee
Vogelinsel
Friedhof
Huckelriede
Neuenlander Straße
Wilh.-Kaisen-Brücke
Bismarck-
Am Dobben
Sielwall
Humboldt-
Ostertorsteinweg
Vor dem Steintor
Am Wall
Rathaus
Dom
Kunsthalle
Theater
Planetarium
Rotes Kreuz Krkhs.
Martinshof
Friedhof Buntentor
Lidice-Haus
Roland Klinik
Bezirkssportanlage Süd
Huckelrieder Park
Hinterm Sielhof
Habenhauser
Werderhöhe
Silberwaren-fabrik
366km
365km
6

Der Stadtteilspaziergang

Was ich an der Neustadt am schönsten finde? Schwer zu sagen! Es ist die Vielfalt an Cafés, Restaurants und Kneipen, die mir gut gefällt, aber auch die vielen Grünflächen, wie die Wallanlagen und natürlich der Werdersee zur Naherholung. Die brementypische Architektur mit den wunderschönen Straßenzügen und Altbremer Häusern ist herrlich und die diversen Möglichkeiten zum Einkaufen, Bummeln und Sich-treiben-lassen auch. Es ist das Heimatgefühl, wenn man unterwegs auf bekannte Gesichter trifft oder sich im Lieblingsbistro die Sonne auf die Nase scheinen lässt.

Die Neustadt ist, jedenfalls in meinen Augen, gar kein zweites »Viertel«, wie sie besonders in den letzten Jahren oft bezeichnet wurde. Sie ist viel besser. Nicht so trubelig. Nicht ganz so hip. Aber ein Stadtteil, der alles hat, ohne dass man ihn unbedingt verlassen müsste, wenn man nicht wollte. Alles zum Einkaufen, zum Feiern, zum auswärts Essen. Ein tolles Frühstückscafé mit ausgiebigem und mehrstündigem Brunch-Buffet würde mir eventuell noch fehlen, aber das kann noch kommen.

Begleitet mich auf einen kleinen Spaziergang durch meinen Lieblingsstadtteil.

Der Himmel ist blau, das Gras saftig quietschgrün und die Sonne scheint so herrlich warm auf meine Haut wie sie es den ganzen wunderbaren Sommer schon tut. Ich genieße die Luft unter den schattigen Bäumen am Rand des Hügels in den Neustadtswallanlagen, der angeblich mal aufgeschüttet wurde, damit die Bremer Kids einen Berg zum Rodeln haben, und ruhe mich aus. Erst wollte ich schreiben »und lasse das Leben auf mich regnen«, weil ich den Ausdruck so mag, aber das scheint mir in dieser Gluthitze eine unpassende Beschreibung zu sein.

Ich meine, wann hatten wir das letzte Mal einen solch grandiosen Sommer? Mit schier unendlichen Tagen zum Draußensein, im **Werdersee** baden und im **Adamz** Weinschorle trinken. Außerdem Spaghettieis holen bei **Il Friulano** in der Kornstraße, einen Bummel am Buntentorsteinweg machen und abends im Park ein Baguette genießen vom **La Baguette** in der Lahnstraße, übrigens laut Aussage des Inhabers Deutschlands älteste Baguetterie. Zum …

Ach, Halt, Stopp, ich bin ja schon viel zu weit!

Ich wollte eigentlich vorne beginnen. Bei den Tagen Ende des 16. Jahrhunderts, als die Besiedlung oder vielmehr zunächst die bloße Befestigung ohne Bewohner auf unserer Weserseite diskutiert und schließlich einige Jahre später beschlossen wurde. Die Besiedlung erfolgte um 1638 erstmal nur im Bereich von Braut-, Wester-, Osterund Großer Johannisstraße in der Alten Neustadt bis zum damaligen Stadtgraben, heute unsere Neustadtswallanlagen.

Weite Teile der Neustadt blieben nach dem Bau der Befestigungsanlage als neue Festung für Bremen noch viele Jahre in ländlicher Umgebung. Niemand wollte damals gerne dort wohnen.

Das klingt für uns heute völlig unwahrscheinlich, oder? Die Miet- und Immobilienpreise steigen enorm und man ist froh, überhaupt eine Wohnung zu finden. Damals hingegen mussten Neu-Bürger besonders angelockt werden, um sich im heute mit Abstand schönsten Stadtteil Bremens niederzulassen.

So erließ der Bremer Senat 1642 eine so genannte Ordonnance für den Süderort (die ursprüngliche Bezeichnung für die Neustadt). Ohne Rücksicht auf Nation, Stand oder Religion konnte man hier für wenig Geld ein Grundstück kaufen. Es wurden Baumaterialien und Arbeitskräfte geboten, ein unentgeltliches, aber eingeschränktes Bürgerrecht und die Befreiung von Steuern und Wachtdienst auf zehn Jahre (nicht aber von der geltenden Verteidigungspflicht).

Außerdem versprach man die Aufnahme der Handwerker in Zünfte. Erst damit ging die Besiedlung der Neustadt besser voran. Heutzutage ist die Neustadt mit 45.000 Einwohnern der bevölkerungsreichste Stadtteil von Bremen.

Die Befestigung links der Weser begann mit den Vorläufern der heutigen Neustadtswallanlagen, in denen ich jetzt das Wetter genieße und das bunte Neustädter Völkchen betrachte:

Radfahrer, fröhliche Familien, die picknicken, schwatzen oder einfach nur so zusammensitzen; Gruppen jeden Alters kommen in dem großen, liebgewonnenen Gemeinschaftsgarten der Neustadt zusammen. Vielleicht in Ermangelung eines eigenen Gartens oder Balkons, vielleicht auch nur, um nicht allein, sondern zusammen ein paar Stunden unter freiem Himmel zu sein.

Einige Hartgesottene spielen Fußball oder Badminton, Passanten sind auf dem Weg in die City, die von der Neustadt aus prima zu Fuß oder mit dem Rad erreichbar ist. Einmal durch den Park, am ehemaligen Hachez-Gelände vorbei, über die breite **Westerstraße** rüber (seit Anfang 2019 gibt es dort auch endlich eine eigene Fußgängeram-

Nicht nur zum Schwimmen lockt das Südbad

pel), dann auf'n Deich und über den **Teerhof** zur Fußgängerbrücke bis zur **Schlachte**. Schwupps, ist man dort. Dauert zu Fuß von der Pappelstraße nur rund 20 Minuten. Je nachdem, wie schnell man eben geht.

In den **Neustadtswallanlagen** befindet sich außerdem das **Südbad**, um bei weniger gutem Wetter (wenn der allseits beliebte Werdersee für Wassersport nicht sehr lockt) ein paar Bahnen zu schwimmen oder verschiedene Aqua-Kurse zu belegen.

Die **Grünanlagen** dienen auch als Passage für Studenten auf dem Weg zur Hochschule, die sich am Neustadtswall/ Ecke Langemarckstraße befindet. Oder man trifft auf Schüler der Schule am Leibnizplatz. Die Schule liegt am östlichen Ende des Zentralbereichs der Neustadtswallanlagen an der Schulstraße.

Wenn man die Gesamtgeschichte unserer Hansestadt betrachtet, ist die schöne Neustadt wahrlich noch ein Küken – erst zarte 400 Jahre jung. Bremen mit der Altstadt hingegen wurde schon im 8. Jahrhundert erstmalig schriftlich erwähnt.

Als offizielle Geburtsstunde der Besiedlung auf der linken Weserseite gilt die Stadterweiterung im 17. Jahrhundert auf dem Gelände, das heute die Alte Neustadt ist. Mit der Bebauung und Befestigung sollte in erster Linie die Altstadt geschützt werden, denn sie lag in Zeiten des drohenden Krieges frei und ungesichert am Fluss. Hier waren zwar auch Befestigungsanlagen vorhanden, aber nicht mehr auf dem neuesten Stand.

Zur damaligen Zeit gab es auf der linken Weserseite zum Schutz der Stadt verschiedene Wehr- und Wachttürme, zum Beispiel entlang der Ochtum im Süden zur Sicherung der Flussübergänge sowie den **Brautturm** an der Kleinen Weser, der im Jahr 1534 errichtet wurde und

Stadtansicht von Bremen, 1641

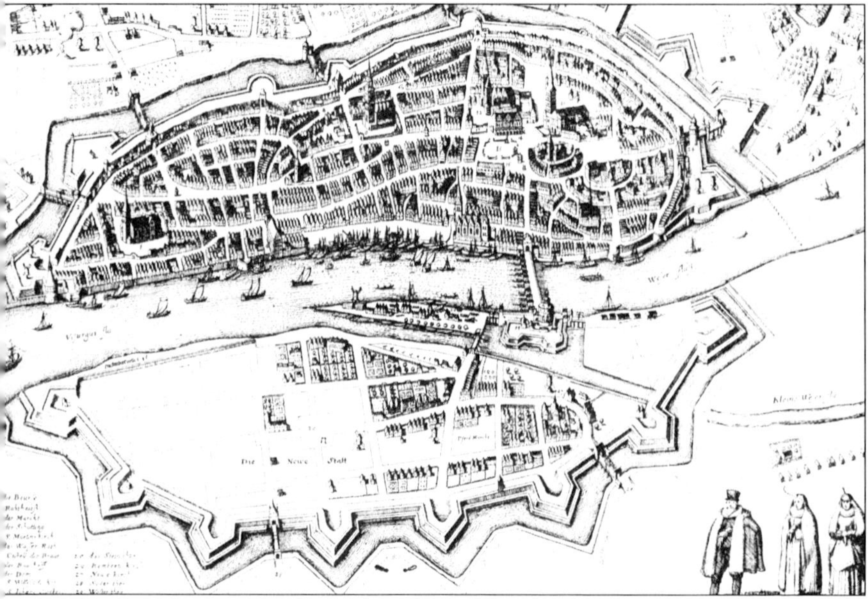

der passiert werden musste, wollte man die Weser überqueren. Der Name Braut, so wird es erklärt, erinnert daran, dass die Stadt diesem Turm zu Füßen lag, wie man es bei einer Braut tut (oder tun sollte). Es gab natürlich auch einen Bräutigam, das war der Stephanitorzwinger in der Nähe des Stephanitors in der Altstadt.

Neben der Braut gab es links der Weser die drei Wachttürme in den heutigen Obervielander Ortsteilen **Arsten** und **Kattenturm** und den Warturm im Dörfchen **Ware**. Nicht nur die Türme boten Schutz, auch die Landbevölkerung musste sich zur Verteidigung von Bremen bereithalten, obgleich sie damals überhaupt nicht zu Bremen gehörte. Denn ein großer Teil der Bauern war nicht Eigentümer ihrer Höfe, sondern nur Meier von Grundherren, denen sie Meierzins zu entrichten hatten. Immer mehr Bremer Bürger erwarben Meierhöfe und so wurde die Rechtsbindung des Landgebiets an die Stadt verstärkt.

Beispielsweise wurde die Wahl der Richter, so genannter Gohgräfe, zwar offiziell von den Grundherren und den freien Bauern bestimmt, aber indirekt vom Bremer Senat beeinflusst. In einer Verteidigungsordnung wurde dann festgelegt, dass sich die Bauern mit Pferden und Waffen zur Landverteidigung zur Verfügung stellen mussten. Ausgewählt wurden sie vom Gohgräfen und seinen Geschworenen. Erst im Jahr 1850 wurden die Grundherrenrechte zugunsten der Meier abgelöst. Das trug damals, neben weiteren Faktoren, zur Entwicklung der Neustadt bei.

Zum **Obervieland** gehörte neben Ware das Dorf **Ledense**, das sich auf dem heutigen Gebiet der Neustadt befand und unter verschiedenen Namen frühgeschichtliche Ursprünge hat. Mit dem Bau der Befestigungsanlagen wurde ein großer Teil von Ledense vernichtet und ein Rest ging an das Dorf Neuenlande, das erst 1921 in die Stadt Bremen eingemeindet wurde und seit 1951 ein Ortsteil des Stadtteils Neustadt ist.

Wir kennen **Neuenlande** heute hauptsächlich von der viel befahrenen Neuenlander Straße, vom Flughafen und der Airport City, sowie als Passage zum EDU-Einkaufspark mit Marktkauf, Hornbach und seit 2018 mit moderner kleiner Shoppingmeile und Fitnessstudio.

Viele einstige Dörfchen des Vielandes, wie **Arsten**, **Habenhausen**, **Kirch**- und **Mittelshuchting** sowie **Woltmershausen**, sind heute unmittelbare, mehr oder weniger urbane Umgebung der Neustadt. Im Zuge der Binnenkolonisation, oder auch Landesausbau genannt, hat man im 12. und 13. Jahrhundert versucht, siedlungsarme Regionen zu bevölkern. So entstanden unter anderem die genannten Orte wie **Neuenlande** und **Ware**, aber auch **Grolland**, **Brokhuchting**, **Rablinghausen**, **Lankenau**, **Seehausen**, **Hasenbüren** und **Strom**. Ware und Lankenau existieren heute nicht mehr. Ware wurde schon im 14. Jahrhundert von seinen Einwohnern verlassen und Lankenau wurde beim Bau der Neustädter Häfen buchstäblich plattgemacht.

Die Bauern der Dörfer schätzten Bremen, um ihre Erzeugnisse und Produkte an die Städter zu verkaufen und natürlich auch, um sich selbst mit Waren versorgen zu können. Außerdem besuchten sie hier die Kirche, denn die Dörfer des Vielandes hatten, bis Arsten im 13. Jahrhundert zum Kirchdorf wurde, keine eigenen Kirchspiele und mussten dafür zum Dom, zur Liebfrauenkirche oder zur St. Martini-Kirche auf der anderen Seite der Weser. Seit 1234 bildeten sich kleine Gemeinden in Arsten, Huchting und Seehausen.

Ihr seht: Die Neustadt steckt zwar offiziell noch in ihren Kinderschuhen; die historischen Wurzeln, Geschichtliches und der Stammbaum sind aber uralt.

Die Befestigungsanlagen wurden, wie bereits erwähnt, im 17. Jahrhundert, genauer von 1623 bis 1627, errichtet. Der niederländische Festungsbaumeister Johann van Rijswijk soll allerdings schon ein paar Jahre zuvor, ungefähr um die Jahrhundertwende, auf die Notwendigkeit einer sol-

Die Große Allee in der Neustadt, 1773. Heute Langemarckstraße

chen Anlage hingewiesen haben. Die ersten Pläne wurden 1614/1615 von Rijswijks Schüler, dem Festungsbaumeister Johan van Valckenburgh, entworfen (in Huckelriede gibt es zu seinen Ehren die Valckenburghstraße).

Die Bastionen für die Anlage wurden im Juni 1618 abgesteckt, aber erst als der Krieg (der später als Dreißigjähriger Krieg in die Geschichte eingehen sollte) näher rückte, kam der Bau der Befestigungsanlagen in Gang. Gebaut wurden die Anlagen zunächst von Wallmeister Jacob Claessen. Aber im Jahr 1625 verstarben sowohl Jacob Claessen als auch Johan van Valckenburgh und so wurden Peter van Campen als Bauleiter und Johan van Laer als Festungsbauer verpflichtet. Bis 1627 wurden erstmal sieben Bastionen errichtet: die Schulortbastion, die Buntebrückebastion, die Schwarzpottbastion sowie die Hohentorbastionen Ost und West, die Stein-Corps-de-Garde-Bastion und die Weserbastion. Im Jahr 1664 wurden sie um die achte auf dem Stadtwerder ergänzt – die Werderbastion. Die ursprünglichen Pläne des Herrn Valckenburgh wurden leicht verändert: So entschied man sich unter anderem, wohl aufgrund der Kosten, gegen eigentlich geplante Grachten und auch der

Stadtansicht vom Neustadtsdeich aus gesehen, 1771

Marktplatz wurde in Form und Standort angepasst. Die neue Stadt mit annähernd der gleichen Größe wie die damalige Altstadt sollte in einem gitterförmigen Straßennetz angeordnet werden. Umzu entstanden ein gezackter Wassergraben und ein hoher Wall. In den Zacken wurden Bastionen mit Kanonen besetzt und im Wall gab es zwei Tore als Durchlass: das **Süder Tor** (später Bunte Tor) und das **Hohe Tor**, das zuvor auch die Namen Westertor und Delmenhorster Tor trug. Die Neustadt war damals eine der modernsten Festungen Deutschlands.

Der Name für das Süder Tor lehnte sich an Süderort, die damalige Bezeichnung für die Neustadt, an. Die Brücke beim Wallgraben am Süder Tor soll bunt gewesen sein und so hat sich wohl der Name Bunte Brücke auch auf das Tor und schließlich auf den Ortsteil übertragen. Der Durchlass im Wall war zunächst schlicht und schmucklos. Erst in der Mitte des 18. Jahrhunderts errichtete man ein Torgebäude mit einem Dreiecksgiebel und Bremer Wappen als Verzierung.

Das Gegenstück, das Hohe Tor im Westen, soll hingegen ausgesprochen prächtig gewesen sein. Es wird vermutet, dass es besonders hoch gebaut und prunkvoll ausgestattet

wurde, weil es den Eingang von Oldenburg nach Bremen darstellte. Im Buch »***350 Jahre Neustadt – 1975***« wird außerdem beschrieben, dass das Hohe Tor die Überfälle des Oldenburger Grafen Anton Günther (der damit unseren Widerstand gegen den damals eingeführten Weserzoll brechen wollte) immer wieder abschmettern konnte. Das Tor entstand 1630 und hatte einen hohen Giebel, der mit Figuren und dem Bremer Wappen geschmückt war. Zudem zierten sechs Ratsherrenwappen das Tor. Im Justitiapark, der Mitte des 20. Jahrhunderts angelegt wurde und heute einen Teil der Neustadtswallanlagen bildet, stehen nur noch die Justitia-Statue und Reste des Tores. (siehe Seite 21)

Auf dem Weg zum Überbleibsel des Hohen Tors gehe ich durch den großzügig angelegten Zentralbereich der Neustadtswallanlagen mit der ebenen Wiese und den breiten Wegen und passiere die Langemarckstraße mit der BSAG-Haltestelle Hochschule Bremen und dem Bike Repair-Café neusi's.

Nach Überquerung der Langemarckstraße gelangen wir in den grünen Mittelteil der ehemaligen Wallanlagen, der den Zentralbereich mit dem weit im Westen gelegenen **Hohentorspark** verbindet. Das Mittelstück nennt sich passenderweise **Justitiapark**, denn hier, ihr ahnt es vielleicht, ist die besagte Statue aus dem Hohen Tor zu finden. Bei verschiedenen Events im Sommer, zum Beispiel beim Musik- und Kulturfestival SummerSounds oder bei Flohmärkten, ist auch dieser Abschnitt gut besucht. Ansonsten bietet das Fleckchen etwas mehr Ruhe als die beliebtere Mitte – wenn man in Ruhe sonnen, picknicken oder einfach nur entspannen möchte.

Die Wallanlagen sind in ihrer Form einzigartig in Deutschland (Bremen ist ja sowieso einzigartig) und ich finde, man merkt trotz der Neugestaltung und Modernisierung, dass sie Teil einer historischen Anlage sind. Wenn ihr mal wieder einen Spaziergang hier unternehmt, grillt, faulenzt oder was auch immer, egal ob auf Neustadtseite oder in den Wallanlagen in der Innenstadt, ruft euch doch mal das Bild vor Augen, wie die Anlagen damals ringförmig einmal um die Stadt führten und wie alt die Ursprünge der Grünzüge sind. In der Altstadt ist der alte Verlauf übrigens noch sehr deutlich zu erkennen.

Neben den einstigen beiden Stadttoren Hohes Tor und Buntes Tor gab es noch das **Werdertor** und das **Gohdentor** auf der Brautbastion auf dem Werder. Die Bastion war früher durch Querarme der Weser, so genannte Piepen, vom Teerhof und vom Stadtwerder getrennt und somit eine kleine Insel in der Weser. Die beiden Tore führten im Westen (Werdertor) und im Osten (Gohdentor) auf die Insel. Anfang bis Mitte des 18. Jahrhunderts wurden die Piepen nacheinander zugeschüttet und die Tore abgerissen. Westlich des Brautturms und der Großen Weserbrücke, heute die **Wilhelm-Kaisen-Brücke**, entstand eine Promenade, die später Herrlichkeit genannt wurde.

Die Brautbrücke mit Neustadtskneipe

Der Name **Herrlichkeit** soll aus dem Volksmund kommen, weil es dort so schön war. Heute heißt der Teil der Landzunge übrigens immer noch Herrlichkeit bzw. die Straße, die sich hier befindet und einmal umzu führt. Das **Gohdentor** gab es von 1648 bis 1714, bis damals der Brautgraben zugeschüttet wurde. Das Werdertor wurde 1739 bei der Explosion der Braut zerstört.

Die Explosion der Braut (das klingt ziemlich martialisch, wenn man nicht weiß, wer oder was die Braut war, aber wir haben ja schon gelernt, dass es sich dabei um einen Turm handelte) geschah im Jahr 1739 bei einem Blitzschlag in das Munitionslager des Turms. Die daraus resultierende Feuersbrunst kostete 32 Menschen das Leben und etliche Gebäude auf linker und rechter Weserseite wurden beschädigt oder ganz zerstört. Dennoch kann man von Glück im Unglück sprechen, denn ein einsetzender Platzregen verhinderte damals noch Schlimmeres und konnte zumindest ein weiteres Ausbreiten des Feuers verhindern.

Die Braut wurde nicht wieder aufgebaut. Die Brautstraße im Ortsteil Alte Neustadt, eine Querstraße zwischen Kleiner Weser und Westerstraße, sowie die Fußgängerbrücke am Wehr zum Teerhof, von manch einem Brautbrücke genannt, erinnern an den Brautturm. Die Fußgängerbrücke befindet sich nur unweit der einstigen Brautbrücke, die damals über die Kleine Weser zum Brautturm auf der Weserinsel führte. Die historische Brautbrücke gibt es schon lange nicht mehr: Sie wurde im 13. Jahrhundert als Zugbrücke erbaut, 1829 durch einen Neubau ersetzt und 1972 abgebrochen. Zu diesem Zeitpunkt war sie sowohl für Fahrzeuge als auch für Fußgänger bereits gesperrt.

Nochmal zurück zu den Toren auf der Brautbastion: Gohdentor und Werdertor befanden sich auf dem Stadtwerder, waren also nicht in den Wall der

Befestigungsanlagen integriert, und regelten die Ein- bzw. Ausreise zwischen Alt- und Neustadt. Die damalige Torsperre zur Altstadt sollen die Neustädter übrigens geschickt ausgenutzt haben. So boten sie den spät Reisenden Übernachtungsmöglichkeiten in Form von Ausspann- und Fuhrgasthöfen an, die ringsum an den Durchlässen entstanden waren. Die Torsperre wurde 1848 aufgehoben.

Die Stadtmauer trug man um 1805 ab, damit wurde die Neustadt entfestigt. Technische Entwicklungen im Bereich der militärischen Verteidigung ließen die altmodischen Gräben und Wälle überholt wirken. Mit der Entfestigung Bremens waren anstelle der Tore Wacht- und Akzisehäuser (=Zollhäuser) vorgesehen, die ungefähr ab 1819 entstanden. Die Werdertorswache kontrollierte den Zugang zum Stadtwerder über die Werderstraße, und auch am Buntentor und Hohentor entstanden dekorative Säulengebäude als Wacht- und Akzisehäuser. Die Tore wurden in diesem Zuge abgerissen, das Hohe Tor 1823, das Bunte Tor ein bisschen später im Jahr 1861. Die Wachtgebäude wurden 1944 durch Bombenangriffe zerstört.

Nach der Entfestigung und Abtragung des Walls erhielten die Neustädter Straßen Namen und die Häuser Nummern. Die entstandenen Neustadtswallanlagen wurden damals weniger als Parkanlagen, wie wir sie heute kennen, betrachtet, sondern mehr als Bau- und Gartenland. Nur im westlichen Teil, wohl im heutigen **Hohentorspark**, gab es eine einfache landschaftliche Anlage. Zwischen 1891 und 1903 wurde der Stadtgraben schließlich zugeschüttet. Die Piepe, der bohnenförmige Teich zwischen Buntentor/Südervorstadt und Kleiner Weser, blieb bestehen.

Piepe bedeutet eigentlich Querarm der Weser, auch wenn das in diesem Fall nicht ganz hinhaut, da sie nicht mit der Weser verbunden ist. Sie diente ehemals als Holzhafen und ist inzwischen, wie der Hohentorshafen, der letzte Rest des ehemaligen Stadtgrabens in der Neustadt.

Die Kleine Weser und die Piepe

Ein anderer Rest ist die **Justitia**. Die steinerne Figur ist schon fast 400 Jahre alt. Sie wurde als einziges Element bewahrt, als das Tor 1823 abgerissen wurde. Alle anderen Teile sind dabei verlorengegangen. Die Rettung der Statue ist einer Juristenfamilie aus Borgfeld zu verdanken, die sie anlässlich des 300. Jubiläums der Neustadt dem Neustädter Bürgerverein zur Wiederaufstellung stiftete.

Die Justitia im Hohentorspark

Sie steht in nordwestlicher Randlage des Justitiaparks, ist aus Sandstein errichtet und ihr fehlen der rechte Unterarm (mit dem sie früher ein Schwert hielt) und die Waage, die sie eigentlich in der linken Hand halten sollte. Angeblich soll es zwischen Stifter und Stadt zu einem kleinen Disput gekommen sein, denn die Familie verlangte, dass die Figur dem Original entsprechend rekonstruiert werden solle. Auf das Schwert wurde jedoch verzichtet. Über die Gründe dafür wurde spekuliert. Vielleicht sah es zu unfriedlich aus. Der Grund, warum die Justitia nun mit leeren Händen da steht, ist der,

Die Statuen am Eingang zum Hohentorspark

dass die extra von einem Bildhauer angefertigte neue Waage kurz nach Wiederaufstellung geraubt wurde. Um zu verhindern, dass sich das Ganze immer wieder wiederholt, wurde die Waage wohl endgültig weggelassen.

Die Entstehung der Statue wird auf das Jahr 1630 datiert. 1627 war der Bau der neustädtischen Befestigungsanlagen abgeschlossen und drei Jahre später wurde das Hohe Tor errichtet.

Irgendwie steht die Justitia ziemlich unbeachtet, finde ich. Immerhin gehört sie zu den ältesten Überbleibseln der Neustadtgeschichte und ihr sollte etwas mehr Ehre gebühren. Schaut doch mal bei ihr vorbei, wenn ihr durch die Neustadt flaniert. Sie würde sich sicher freuen.

Nach Überquerung der Hohentorstraße, die einst zum Hohen Tor führte, kommen wir zum letzten Viertel der Neustadtswallanlagen, dem Hohentorspark (das in diesem Sinne erste Viertel der Anlagen wäre der Leibnizplatzpark auf der anderen Seite der Friedrich-Ebert-Straße).

Die **Neustadtswallanlagen** sind heute von drei großen Hauptverkehrsachsen der Neustadt unterbrochen: Friedrich-Ebert-Straße und Langemarckstraße sowie die Hohentorstraße bzw. Hohentorsheerstraße, wie sie im südlichen Teil heißt. In den letzten zwanzig Jahren, seit 1998, wurde der beliebte Grünzug in vier Phasen modernisiert: von 1998 bis 2001 zunächst der Zentralbereich zwischen Langemarckstraße und Friedrich-Ebert-Straße, von 2004 bis 2006 der Leibnizplatzpark zwischen Friedrich-Ebert-Straße und Buntentor, dann von 2005 bis 2006 der Justitiapark zwischen Hohentorstraße und Langemarckstraße und zum Abschluss die Piepe zwischen Buntentorsteinweg und Werdersee zwischen 2006 und 2007.

Die beiden Figuren, die mich am Eingang des Hohentorsparks begrüßen, stammen nicht wie die Justitia aus dem 17. Jahrhundert, sondern aus dem Jahr 1890. Sie sind ebenfalls aus Sandstein, stehen auf einem Sockel und heißen »Schnitterin« und »Hopfen«. Bei Errichtung des Hohentorsparks im Jahr 1952 wurden sie von der St. Pauli-Brauerei gestiftet.

Biergeschichte in der Bremer Neustadt

St. Pauli-Brauerei

Die St. Pauli-Brauerei wurde 1857 von Lüder Rutenberg auf den Ruinen des St.-Pauli-Klosters am Osterdeich gegründet (also nichts mit St. Pauli und Reeperbahn wie in Hamburg). Dafür wurde die bestehende und von Rutenberg aufgekaufte Runge-Brauerei umbenannt. Die Produktion und die Verkäufe liefen schon bald so gut, dass die St. Pauli-Brauerei damals die größte Brauerei Bremens wurde.

Als Rutenberg dann aber gemeinsam mit seinem Braumeister Heinrich Beck und dem Kaufmann Franz Gustav Thomas May neue Pläne für eine Großbrauerei

Das alte Sudhaus mit St.-Pauli-Girl-Logo

schmiedete, musste er erstmal seine Anteile an der St. Pauli-Brauerei verkaufen, um genügend Geld dafür übrig zu haben. Er veräußerte seinen Anteil an seinen Teilhaber, der die Brauerei wiederum im Jahr 1887 zu Teilen an eine englische Gesellschaft verkaufte. Die Beteiligung erlosch 1914. 1882 errichtete die St. Pauli-Brauerei in der Neustadt eine zweite Braustätte, die ausschließlich für den Export arbeitete.

Vor dem Ersten Weltkrieg war das Bier St. Pauli Girl ein wahrer Exportschlager, weltweit beliebt und bekannt. 1918 wurde der St.-Pauli-Produzent von der Kaiserbrauerei Beck übernommen. Übrigens wird das St.-Pauli-Bier auch heute noch gebraut – seit Mitte des 20. Jahrhunderts nach einigen Umwegen sogar wieder in der Neustadt bei Beck's. Das Bier wird ausschließlich in den USA vertrieben und zählt dort zu den beliebtesten Importbieren. Es gibt drei Sorten, die alle nach dem deutschen Reinheitsgebot gebraut werden, also nur mit Malz, Hopfen, Wasser und Hefe: St. Pauli Girl Lager, St. Pauli Girl Dark und St. Pauli Girl Non Alcoholic.

In der Neustadt hatte sich um 1875 eine Reihe von Brauereien angesiedelt. Das hatte wohl mit der direkten Nähe zur Weser als Wasserlieferant und Handelsweg zu tun und damit, dass hier durch eine lockere Bebauung, im Gegensatz zur engen Altstadt, noch ausreichend Platz für Firmengründungen zur Verfügung stand.

Da das Wasser zum Brauen der Weser entnommen wurde, wollten die Brauer natürlich so reines Wasser wie nur möglich. Deswegen ließen sie im Mittelalter öffentlich verkünden, wenn sie das nächste Mal wieder Bier herstellen wollten. Damit sollte verhindert werden, dass die Menschen ausgerechnet am Brautag mit ihren Eimern zur Weser gingen und sich dort ihrer Toilettenreste entledigten: *Heute wird bekannt gemaket, daß keiner in die Weser kacket. Morgen wird gebraut!* (Kleine Anekdote am Rande)

Bremen gilt übrigens als die älteste Bierhandelsstadt Deutschlands. Von hier aus wurde im 13. Jahrhundert unter anderem nach Skandinavien, Holland, Belgien und England verschifft.

Bremer Brauerei A.G., Am Deich

Die Bremer Brauerei A.G., heute eher unbekannt, bestand rund 40 Jahre als eigenständige Brauerei, nämlich von 1873 bis 1916, und ist dann in der Brauerei C. H. Haake aufgegangen. Gegründet wurde sie von Fridolin Schöner und John Morisse unter dem Namen Bremer Brauerei John Morisse & Schöner. Im Jahr 1881 hat man sie in die Bremer Brauerei A.G. umfirmiert. Das Firmen-Areal befand sich direkt an der Weser, am Deich 23, wo heute Beck's braut. Produziert wurde sowohl für das Inland als auch für den Export.

Haake Beck Brauerei

Die Haake Beck Brauerei zählt neben der Beck's Brauerei zu den bekanntesten Brauereien der Neustadt, gegründet im Mai 1826 von Cord Hinrich Haake – noch in der Altstadt.

C. H. Haake begann 1832 mit der Herstellung von untergärigem Bier. Das ist gleichzeitig der Beginn einer ganz neuen Vertriebsform – der Belieferung anderer Gasthäuser mit dem so genannten Lager-Bier. Üblich war es damals eher, obergäriges Braunbier für den Bedarf im eigenen Ausschank zu brauen. 1838/39 errichtete Haake einen Eiskeller am Neustadtsdeich/Ecke Sandweg. Hier entstand nach und nach das große Brauereizentrum, das wir heute kennen. Der Sandweg existiert heute nicht mehr. Im Jahr 1845 verstarb C. H. Haake und hinterließ eine der führenden Brauereien von Bremen, die rund 20 Prozent der bremischen Bierproduktion braute. 1887 wurde die C. H. Haake Brauerei in eine Aktiengesellschaft mit einem Anfangskapital von einer Million Mark umgewandelt. Danach wurde der gesamte Betrieb in die Neustadt verlagert. 1905 erreichte die Produktion erstmals eine Summe von 80.000 Hektolitern. 1918 übernahm die Brauerei AG die Hemelinger Actien Brauerei und das Inlandsgeschäft der Kaiserbrauerei Beck & Co., die sich fortan um den Export kümmern wollte. Drei Jahre später wurde die Inlandsproduktion der Kaiserbrauerei und der C. H. Haake Brauerei unter dem Namen Haake-Beck Brauerei AG zusammengelegt. 1981 fusionierten Beck & Co. und die Haake-Beck Brauerei AG, beide gehören heute zum internationalen Bierkonzern ABInBev.

Brauerei Beck GmbH & Co. KG

Die heute als Beck's Brauerei bekannte Braustätte wurde 1873 von Franz Gustav Thomas May, Lüder Rutenberg (der ursprüngliche St.-Pauli-Brauerei-Inhaber) und Heinrich Beck als Kaiserbrauerei Beck & May o. H. G. gegründet. Die berühmten grünen Flaschen sind von Anfang an das Markenzeichen der Brauerei und wurden für den Verkauf an Bremer Gaststätten verwendet, um sich von den üblichen braunen Flaschen abzuheben. Auf der internationalen landwirtschaftlichen Ausstellung in Bremen erhielt das Unternehmen vom späteren Kaiser Friedrich III. eine Goldmedaille für das Bier. Weil May am 1. Oktober 1875 aus dem

Die Beck's Brauerei

Unternehmen ausschied, wurde sein Name aus der Firmenbezeichnung gestrichen und die Brauerei in Kaiserbrauerei Beck & Co. umbenannt. Das Bier nach Pilsener Brauart, das für den Export bestimmt war, wurde 1876 entwickelt. Die Brauerei gewann dafür eine weitere Goldmedaille auf der Weltausstellung in Philadelphia für das beste Europäische Bier. Die beiden Medaillen und der Bremer Schlüssel sind bis heute auf dem Flaschenetikett zu sehen.

Im Laufe der Jahre wurden verschiedene Brauereien von Beck's übernommen – zum Beispiel die Remmer-Brauerei am Buntentorsteinweg oder Anteile an der St. Pauli-Brauerei. Auch international gab es mit der Zeit diverse Beteiligungen und Kooperationen; beispielsweise in Indien, Singapur, Namibia und Kolumbien. Mit dem Zusammenschluss zur Haake-Beck Brauerei AG in 1921 konzentrierte sich Haake-Beck auf das Inlandsgeschäft, während sich die Kaiserbrauerei nun Exportbrauerei Beck & Co. nannte und Länder weltweit belieferte. 1949 wird Beck's erstmals im Inland verkauft, um den Unwägbarkeiten der internationalen Märkte nicht länger ausgesetzt zu sein. Erwähnenswert ist das innovative Geschäftsprinzip von Beck's: Als erste Brauerei weltweit

Beck's-Ausschank in einer Bar in Kalkutta, 1906

wurde früh begonnen, die abgefüllten Flaschen in einer großen Anlage auf über 60° C zu erhitzen, also zu pasteurisieren, um das Bier haltbar zu machen, was erst ab Anfang der 1970er-Jahre alle Brauereien praktizierten. Bis dahin verdarb viel Bier nach rund vier bis sechs Wochen, weil die Hefereste im Bier aktiv wurden. Den berühmten grünen Großsegler als Markenzeichen von Beck's gibt es seit 1984; sogar mittlerweile zwei davon: die Alexander von Humboldt II ist als Lehrschiff in der großen weiten Welt unterwegs, während die Vorgängerin, Alexander von Humboldt, als Hotel- und Gastroschiff an der Schlachte liegt. Der Ohrwurm »Sail away« von Joe Cocker dudelt seit 1992. Beck's ist eine der wenigen Brauereien, die eine derartig gezielte Imageausrichtung haben. Ist euch vielleicht auch schon mal aufgefallen.

Die Brauerei wurde 2002 von der belgischen Interbrew aufgekauft, die später mit weiteren Unternehmen fusionierte und als Anheuser-Busch InBev der größte Brauereikonzern der Welt ist.

Wusstet ihr, dass der Sixpack von Beck's erfunden wurde? 1968 war das. Mehr als die Hälfte der Beck's-Flaschen wird mittlerweile im Sechserpack verkauft.

Germania-Brauerei C. Dressler, Hohentorstraße

Die Brauerei wurde 1871 von Carsten Dressler gegründet. Dressler braute zunächst die für Deutschland typischen Braunbiere und später Porter Biere nach englischem Rezept. Die Braustätte befand sich zunächst in der Faulenstraße in der Innenstadt und ab 1904 in der Hohentorstraße Nr. 33, nachdem mehrere kleinere Brauereien übernommen werden konnten. Seit 1894 produzierte das Unternehmen, nun in Germania-Brauerei C. Dressler umbenannt, auch Lagerbier. Dressler Export verkaufte sich lange Jahre sehr gut, so dass Dressler in vielen Ländern ein Begriff wurde. In den 60er-Jahren wurde der Firmenname in Dressler Brauerei geändert und seit 1954 hatte die Holstengruppe aus Hamburg die Aktienmehrheit. 1971 feierte man dort das 100-jährige Bestehen der Dressler-Brauerei, stellte den Braubetrieb in Bremen allerdings nur vier Jahre später ein und verlagerte die Produktion zur Kaiserbrauerei nach Hannover, die es mittlerweile ebenfalls nicht mehr gibt.

Bierbrauerei Remmer, Buntentorsteinweg

Die Remmer-Brauerei wurde von Wilhelm Remmer gegründet, indem er in der Mitte des 19. Jahrhunderts nacheinander zwei Bierbrauereien in der Altstadt übernahm und in der zweiten eine Schankwirtschaft einrichtete. Seit 1872 betrieb er zusätzlich eine Gaststätte mit Hausbrauerei im Buntentorsteinweg und braute hier helles Lagerbier. Zuvor soll er eher Braunbier produziert haben.

Auch heute noch ist Remmer für ein ganz besonderes, eingedicktes und übrigens alkoholfreies Braunbier bekannt – zumindest, wenn man zur feinen Gesellschaft von Bremen gehört und regelmäßig bei der Schaffermahlzeit zu Gast ist, denn Jahr für Jahr wird bei dem ältesten, fortbestehenden, sich jährlich wiederholenden Brudermahl der Welt das so genannte Seefahrtsbier ausgeschenkt. Die Remmer-Brauerei wurde zwar schon 1917 von der in der Bremer Brauereigeschichte doch sehr allgegenwärtigen Kaiserbrauerei Beck aufgekauft, die Marken blieben jedoch bestehen und das Bremer Seefahrtsbier wird einmal im Jahr exklusiv für die Schaffermahlzeit bei Beck's gebraut.

Der Brauereibetrieb der Remmer-Brauerei im Buntentorsteinweg wurde stillgelegt, aber die Räumlichkeiten sind heute als Kulturzentrum Schwankhalle ein Begriff.

Der **Hohentorspark** war im Laufe der Jahre als Fläche für Zirkuszelte und Karussells (zeitweise sogar auch für den Bremer Freimarkt) sowie als Exerzierplatz der Neustadtkasernen in Benutzung. Nach dem Zweiten Weltkrieg wurde er Anfang der 1950er-Jahre als erste größere Grünanlage nach dem Krieg angelegt. Mit einem zentralen abgesenkten Garten und aufwändiger Bepflanzung diente er als Treffpunkt, Spielwiese und Naherholung für die Bevölkerung in der zerstörten Umgebung.

Der Zweite Weltkrieg hatte schlimme Spuren in der Neustadt hinterlassen. Durch die andauernden Bombenangriffe der Amerikaner und Engländer, insbesondere in den letzten Kriegsmonaten ab 1944, und mit der Zerstörung der Weserbrücken (übrigens nicht durch Bombenangriffe, sondern von den Deutschen selbst, um das Vorrücken der Alliierten zu erschweren) war die Neustadt bei Kriegsende eine fast unwirklich anmutende Kraterlandschaft, von Ruinen dominiert.

Zu Beginn des Krieges waren hier 11.150 Menschen zuhause, nach seinem Ende lebten in den zerstörten Straßen nur noch wenige hundert. Fünf Jahre später, 1950, zählte die Neustadt nur 3.800 Bewohner.

Mittlerweile leben allein im Ortsteil Hohentor wieder mehr Menschen: 4.786 nämlich. Der Ortsteil um das ehemalige Hohe Tor ist rund 40 Hektar groß und grenzt an die Alte Neustadt, an die Neustadt (besser bekannt als das Flüsseviertel) sowie im Südwesten an den Ortsteil Neuenland und an Woltmershausen, den nächsten Stadtteil. Dort befindet sich beispielsweise der Neustädter Bahnhof, der jüngst umfassend saniert und umgebaut wurde. Wichtige Verbindungen auf die andere Weserseite sind die Stephanibrücke (gebaut zwischen 1936 und 1939, 1945 zerstört und nach und nach bis 1968 wieder aufgebaut) sowie die Eisenbahnbrücke, die zwischen 1865 und 1867 geplant und gebaut wurde. Auch die Eisenbahnbrücke wurde in den letzten Kriegstagen zerstört, aber notdürftig bereits 1946 wieder eröffnet. Im Anschluss fanden allerdings mehrfach Erneuerungs- und Reparaturarbeiten statt.

Die Namen der Straßen im Hohentor haben verschiedene Bedeutungen. So gibt es die **Hohentor**- und **Hohentorsheerstraße**, die nach dem Tor im Wall benannt wurden, die **Woltmershauser Allee** als Passage in den nächsten Stadtteil und Straßen mit Fluss- oder Gewächsnamen. Die

Der Hohentorspark bietet Ruhe und dank der originellen Gestaltung als Senkgarten ein besonderes Flair

Damaliges Torhaus am Hohentor, 1905

Langemarckstraße, die sich auf einen Ort in Belgien bezieht, hieß zunächst Neue Allee, nach 1800 dann im Norden zwischen Brücke und Westerstraße Große Allee, bis zum Stadtgraben Kleine Allee und im Süden Meterstraße. Den heutigen Namen bekam sie kurz vor dem Zweiten Weltkrieg von den Nazis verpasst.

Bis noch vor wenigen Jahren war das Hohentor meinem Empfinden nach nicht besonders beliebt. Vor allen Dingen, wenn man es mit dem gediegenen Flüsseviertel gleich nebenan verglichen hat. Diese Gegend hat aber inzwischen einen guten Ruf. Die Straßenzüge zeigen sich oftmals ebenso wie die anderen Neustädter Ortsteile mit schönen, stuckverzierten Altbremer Häusern sowie einer üppigen Bepflanzung in den Straßen und Vorgärten. Nachteile des Viertels, jedenfalls wenn man vom Ruhefaktor und nicht vom Gute-Infrastruktur-Faktor ausgeht, sind die großen Straßen, die das eher kleine Gebiet einrahmen: allen voran die Hochstraße B6 nach Oldenburg, aber auch die Neuenlander Straße und die Langemarckstraße.

Auch einige Gaststätten, eher zum unaufgeregtem Beisammensein als zum Ganze-Nacht-Durchtanzen, gibt es hier: An der Langemarckstraße befinden sich mit der Kul-

turkneipe Gondi und der Bar Mono zwei ausgesprochen gemütliche Kneipen zum Flixen (bremisch für Kickern), Bierchen trinken und Plaudern sowie auch einige Imbisse und das Restaurant Palmyra mit leckerer syrischer Küche.

Ein schmaler Streifen hinter der Schnellstraße B6 zählt auch noch zum Hohentor. Dort befand sich früher der Neustädter Güterbahnhof. Nachdem große Teile der Fläche lange brach lagen, soll nun ein modernes Gewerbegebiet entstehen. Und von dort aus soll nach neuesten Überlegungen zum »Masterplan Vorderes Woltmershausen« ein weiterer Tunnel für den ÖPNV und Fuß- und Radverkehre zur anderen Seite hin gebaut werden, damit die beiden Stadtteile enger zusammenrücken können. Aktuell ist Woltmershausen durch einen Tunnel, über die Senator-Appelt-Straße oder per Fuß und Rad mit Umweg durch den Hohentorshafen zu erreichen. Das ist auch mal ein schöner Spaziergang.

Der kleine Ausflug zum **Hohentorshafen** lässt sich wunderbar ausdehnen – an der Weser entlang nach Woltmershausen und Rablinghausen bis zum Neustädter Hafen und dem Lankenauer Höft.

Der Neustädter Hafen

Südliches Gewerbegebiet und das EDU

Der Einkaufspark Duckwitz, kurz EDU genannt, südlich im Stadtteil Neustadt gelegen, wurde 2016 komplett modernisiert und umgebaut. Das Einkaufszentrum beherbergt rund 30 Geschäfte für den täglichen Bedarf. Hinzu kommen etliche Service- und Dienstleistungsgeschäfte sowie Imbisse. Außerdem befinden sich dort ein Baumarkt und eine Tankstelle mit Waschstraße. Die gute Straßenverbindung neben der B 75 und A 281 sowie kostenfreie Parkplätze ermöglichen eine bequeme An- und Abfahrt. Zudem ist dort eine Haltestelle der Straßenbahnlinien 1 und 8.

Direkt neben dem EDU gibt es mit dem Lloyd-Industriepark eine historische Fläche, die seit März 2014 neu besiedelt wird. Früher wurden dort die Lloyd-Automodelle produziert. Die Halle 4 von 1953/54 steht seit 2015 unter Denkmalschutz.

In dem großen Gewerbegebiet vom Straßenbahndepot bis zur Eisenbahnstrecke Richtung DEL abgegrenzt durch die Neuenlanderstraße und südlich durch die Ochtum, sind zahlreiche unterschiedliche Firmen tätig. Dort produziert Melitta guten Kaffee, Hella viele Autoscheinwerfer, Fressnapf verkauft Tiernahrung, auch ein Fitnessstudio und verschiedene Groß- und Einzelhändler, wie Weine bei VivoLoVin, Yacht- und Bootszubehör bei SVB, diverse Lebensmittel- und Modehändler und ein Fliesenmarkt sind in diesem Areal zu finden.

An der Neuenlander Straße sind Mac Wash, Tankstellen, ATU und davon abgehend wie in der Industriestraße die TÜV-Nord-Station, etliche Gebrauchtwagenhändler und Altmetallhändler Carl Katz, Autolackier- und Reparaturwerkstätten, sowie Geschäfte für Motorrad- und Autozubehör. Eben ein Gewerbemischgebiet für spezielle Bedarfe.

Die Zentrale der Deutschen Gesellschaft zur Rettung Schiffbrüchiger

Kleingärten zum Wohlfühlen

Von Klaus Kellner

Die Neustadt ist ein grünes Paradies, die zahlreichen Kleingartengebiete laden dazu ein, selber dort tätig zu sein oder als »Zaungast« zu flanieren.

Was nicht jeder weiß, Bremens größter Kleingartenbereich, der Stadtwerder, gehört zur Neustadt. Diese große Insel wird umflossen von der Weser und dem Werdersee und ist ein ideales Erholungsgebiet. Ebenso die beiden anderen Kleingartenbereiche in Huckelriede und entlang der Ochtum.

Einen sogenannten »Schrebergarten« zu pachten und zu bewirtschaften, ist derzeit wieder beliebt geworden, weil eigenes Gemüse und Obst angepflanzt und geerntet werden kann. Auch wird der ungezwungene Aufenthalt im Grünen von vielen Bremern aller Altersgruppen als besonderer Vorteil gesehen.

Kleingärtner sind in Vereinen organisiert, bei denen man sich erkundigen kann, ob und wo Parzellen neu gepachtet werden können. Auch sind die Vereine für die Einhaltung der Regeln zuständig, organisieren zudem gemeinschaftliche Aktionen und nachbarschaftliche Feste. Wohnen darf man dort eigentlich nicht, aber gelegentlich übernachten.

Wer sich für diese Art von Landleben in der Stadt interessiert, erkundigt sich am besten beim Bremer Landesverband der Gartenfreunde e.V., wozu zwölf Vereine auf dem Terrain der Neustadt gehören.

Kontakt: Tel. 3 36 55 10, bremen@gartenfreunde.de,
www.gartenfreundebremen.de

Die Kleingärten in der Neustadt erfreuen viele Bremer

Flüsseviertel

Weiter in der Neustadt geht es zu Fuß in die **Pappelstraße**, einer der beliebtesten Flaniermeilen der Neustadt.

Die Pappelstraße führt von der Neckarstraße im Hohentor bis zur Friedrich-Ebert-Straße – die Grenze zwischen Neustadt und Südervorstadt – und setzt sich dann als Gastfeldstraße fort.

Dieser Ortsteil wird als Neustadt bezeichnet, was irgendwie irreführend ist, sowohl für Fremde als auch für Bremer. Was denn nun – Neustadt als Ortsteil der Neustadt oder als ganzer Stadtteil? Den offiziell als Neustadt bezeichneten Ortsteil nenne ich der Einfachheit lieber bei seinem Zweit- und/oder Kosenamen: dem **Flüsseviertel**. Blickt man von oben auf das Flüsseviertel, erkennt man ein rechtwinkliges Raster. Die Neustadtscontrescarpe ist im Norden, die Neuenlander Straße im Süden, die Friedrich-Ebert-Straße im Osten und die Langemarckstraße im Westen die Grenze.

Das Flüsseviertel ist ungefähr 46 Hektar groß und laut Statistischem Landesamt Bremen fühlen sich hier 7.326 Bremer pudelwohl (ich übrigens auch). Die Straßen sind, es erschließt sich von selbst, häufig nach Flüssen (oder hessischen Orten) benannt. Die **Bachstraße** dazwischen ist allerdings nicht etwa nach einem kleinen Fluss, sondern

Die Pappelstraße: beliebt zum Flanieren und Einkaufen

nach dem Komponisten Johann Sebastian Bach benannt. Sie ist die älteste Straße im Viertel und war eine der wichtigsten Verbindungswege aus der Stadt Richtung Süden. Das Flüsseviertel entzückt mit hübschen Altbremer Häusern und einer liebevollen Straßenbepflanzung.

Die Bummelmeile **Pappelstraße** ist mittendrin. Hier lässt es sich wunderbar spazieren, zu jeder Jahreszeit draußen Kaffee schlürfen (die Bremer sind ziemlich hartgesotten) und das Leben beobachten. Cafés, inhabergeführte Geschäfte, kleine Restaurants und zahlreiche Bäcker und Imbissbuden säumen die Straße und machen das Leben und Wohnen hier so herrlich. Leckere Pizza gibt es bei **Tiziano**, portugiesischen Wein und Tapas im **Casa Olala**, Gemütlichkeit und Blick auf den Delmemarkt im **Adamz**, ein Stück weiter bietet die **Gelateria Tiziano** fast das ganze Jahr über kalte Köstlichkeiten und Cappuccino an. Guten Kaffee gibt es im **Yellowbird**, im **Café Frida** und an Markttagen im **Bremer Straßencafé**. Zum Schmausen kann man außerdem in **Nhi's Bistro** und **Wang Chinese Crêpes +**

Burgers gehen (chinesische Küche), in die **Taverne Saloniki** (griechisch) oder in einen der Imbisse zum Döner-, Baguette- oder Pizza-Verspeisen.

Wer es weniger trubelig mag, findet abseits der Pappelstraße im **Münchhausen Deli** in der Lahnstraße und im **Café Pour Pour** in der Delmestraße feinen Kaffee und ein entspanntes Flair. In der Lahnstraße, der nördlichen Parallelstraße der Pappelstraße, befindet sich zudem das **Café Lisboa** direkt an der Ecke zur Friedrich-Ebert-Straße; daher etwas lauter, wenn man draußen sitzen möchte, aber Kaffee und Snacks sind mit dem portugiesischen Hintergrund einmalig und superlecker. Nebenan ist eine Buchhandlung, wie auch in der Pappelstraße.

Auch in der südlichen Parallelstraße, der **Erlenstraße**, gibt es verschiedene Gaststätten: das Erleneck, das **Café Paganini** (kein Café, sondern eine Kneipe) und das Restaurant **Flüsseviertel** mit internationaler Küche.

Der Fischverkäufer am Delmemarkt ist eine lebensgroße Bronzeplastik von Jürgen Knapp aus dem Jahr 1984

Endlos feiern gehen ist in diesem Teil der Neustadt nur bedingt möglich. An der Friedrich-Ebert-Straße befindet sich die Kneipe **Meyman** (sehr netter Inhaber, aber eine Raucherkneipe), manchmal hat auch das **Adamz** ein bisschen länger geöffnet. Besonders im Sommer kann man hier herrlich sitzen und auch mal

Die Delmestraße

versacken. Sonst bleibt natürlich das **Modernes** am Neustadtswall. Ein Stückchen weiter die Friedrich-Ebert-Straße hoch, vom Meyman kommend, gelangt man zum **1st Class Suicide** (Cocktailbar; prima für Raucher), zum **Carlitos** (entspannte Atmosphäre, leckerer Wein) und zum **Papp**, aber die gehören alle zum Ortsteil Alte Neustadt.

An der Langemarckstraße, in der Pappelstraße und an der Friedrich-Ebert-Straße gibt es vor, während und nach dem Feiern (und natürlich auch sonst) eine Reihe von kleineren Gaststätten, die ich allerdings nicht alle getestet habe. Empfehlen kann ich **Proper by Sildi**, **Günes Imbiss 2** und **Lino** in der Friedrich-Ebert-Straße. Aber auch die anderen Angebote, beispielsweise **Klaus Kebab**, **Can Kebap**, **Munzur Restaurant** und **Bodrum Ocakbasi** werden immer gut angenommen.

Die **Pappelstraße** ist sicher die am häufigsten frequentierte Straße im Flüsseviertel, aber in der **Lahnstraße** sind auch ein paar schöne kleine Lädchen beispielsweise mit Papeterie, Secondhand-Ware und Selbstgemachtem zu finden.

Der öffentliche Bücherschrank am Delmemarkt mit einem integrierten Tisch.

Neuenland

Im Süden der Neustadt, einmal über die Neuenlander Straße rüber, schließt sich der Ortsteil **Neuenland** an. Wenn man sich die Neuenlander Straße heute so anguckt, glaubt man kaum, dass sie mal ein Feldweg gewesen ist. Im Ortsteil befindet sich der **Flughafen Bremens**, der aus der zentralen Neustadt aus fixer zu erreichen ist als der Hauptbahnhof. Die Nähe und der geringe Aufwand der Anreise machen den Flughafen zum perfekten Startpunkt für Reisen ins europäische Ausland und längere Urlaube, dann meist mit Umsteigen, etwa in Frankfurt oder Amsterdam.

Die inoffizell als **Airport-Stadt** bezeichnete Umgebung des Flughafens ist mit zahlreichen Bürohäusern und großen Industriehallen bebaut worden. Mit 613 Hektar und

1.500 Einwohnern ist Neuenland eher Industrie- als Wohngebiet. Ansässig sind große Unternehmen, vor allem aus Luft- und Raumfahrtindustrie, wie **Airbus**, natürlich der Flughafen und die **Bremer Straßenbahn AG**.

Über 500 Unternehmen und rund 20.000 Menschen sind in der Airport-Stadt beschäftigt, damit zählt das Industriegebiet zu den wichtigsten Wirtschaftsstandorten unserer Stadt. Die Anfänge reichen weit zurück und die Entwicklungen halten noch immer an.

Bremen Airport Hans Koschnick

Der Flughafen in Bremen ist ein internationaler Verkehrsflughafen, der sich nicht nur durch zahlreiche Direktverbindungen innerhalb Deutschlands, ins europäische Ausland und nach Nordafrika auszeichnet, sondern vor allem durch seine Lage einzigartig ist. In nur elf Minuten gelangen Fluggäste von der City zum Airport; die Straßenbahn hält direkt vor dem Terminal. Damit ist der **Bremen Airport Hans Koschnick** Europas schnellster Abflughafen.

Der Bau des Flughafens wurde vor gut 100 Jahren, im Jahr 1919, vom Bremer Senat beschlossen. Zuvor hatte es schon einige Flugversuche (und Bruchlandungen auf den Äckern der Bauern) auf dem Exerzierplatz Neuenlander Feld gegeben, denn dem Baubeschluss war die Gründung des Bremer Vereins für Luft(schiff)fahrt im Jahr 1909 vorausgegangen. Die Verantwortlichen versuchten schon ab Vereinsgründung, einen Luftschiffhafen in Bremen zu errichten. Die ersten Flugversuche sowie die Errichtung dreier Schuppen zur Unterbringung von Gerätschaften fanden 1910 statt. Ab 1912 gab es bereits Rundflüge und 1913 erhielt man die Genehmigung, einen Flugstützpunkt einzurichten. Während des Ersten Weltkrieges wurde der Flughafen jedoch vorübergehend geschlossen.

Am 18. Juli 1920 führte die niederländische Fluggesellschaft KLM den ersten internationalen Flug nach Bremen durch. Henrich und Wilhelm Focke sowie Georg Wulf testeten ab 1921 selbstgebaute Flugzeuge auf dem Flughafengelände und gründeten am 24. Oktober 1923 die Focke-Wulf-Flugzeugwerke.

1921 wurde die Bremer Flughafenbetriebsgesellschaft gegründet, mit Kapital von Bremer Persönlichkeiten und ortsansässigen Firmen, aber nicht mit Mitteln der Stadt Bremen. Ab 1924 entstand die Halle A mit 2.400 Quadratmetern Fläche und 1937 eine befestigte Start- und Landebahn. Der Bremer Flughafen galt damals als der modernste Flughafen Deutschlands (aufgrund der befestigten Start- und Landebahn, der Rollwege, der Nachtflugbefeuerung und der sogenannten Lorenzbake; ein Landefunkfeuer, das den Piloten im Landeanflug unterstützte).

Mit Beginn des Zweiten Weltkrieges kam der Flugverkehr wegen zahlreicher Bombenangriffe zum Erliegen. Nach dem Ende des Krieges wurde der Flughafen von der amerikanischen Besatzungsmacht vorrangig für Frachtzwecke

Der Bremen Airport, rechts die Parkhäuser

Der Flughafen bietet nicht nur Fluggästen kulinarische Optionen

verwendet und erst 1949 wieder für die zivile Luftfahrt freigegeben. Ein weiterer Ausbau der Start- und Landebahnen sowie Neuerungen in den Funkanlagen machten den Flughafen dann auch international attraktiv. Für heimkehrende US-Soldaten wurden Flüge nach New York angeboten und auch Rio de Janeiro war im Flugplan vertreten. Ein Unfall auf dem Flughafen München-Riem führte aber dazu, dass die Sicherheitsvorschriften geändert wurden und die Sicherheitsräume hinter Start- und Landebahnen vergrößert wurden. In Bremen mussten damals häufiger Flüge kurzfristig gestrichen werden, da die verkürzte Strecke nur bei optimalen Wetterbedingungen sicher genug war. In der Folge wurde oft über Aus- und Umbauten diskutiert, was aber wegen der Stadtnähe und des Lärms, neuerer Bebauungen im Umland und der Lage an der Ochtum nicht umgesetzt werden konnte. Daher wurde der Flughafen 1973 als Flughafen für Kurz- und Mittelstreckenflüge deklariert. Um die Landebahn schließlich auf eine Länge von 2.034 Metern verlängern zu können, wurde sogar die Ochtum verlegt. Eine weitere Verlängerung der Start- und Landebahn auf 2.634 Meter darf nur in Ausnahmefällen in Anspruch genommen werden.

Seit Mitte der 70er-Jahre starten Urlaubsflüge aus Bremen, 1979 wurde eine neue Abflughalle erbaut und mit 700.000 Passagieren ein neuer jährlicher Rekord erzielt. Im Jahr 1989 gab es einen Rekord von über einer Million Passagieren, der zum Um- und Ausbauplan »Flughafen 2000« führte. Von 1991 bis 1998 wurden für einen dreistelligen Millionenbetrag fast alle bestehenden Bauten abgerissen und ein neues Gebäude nach den Plänen vom Bremer Architekt Gert Schulze errichtet. In der Nachbarschaft des Flughafens siedelten sich verschiedene Dienstleistungsunternehmen an, die als Airport-Stadt einen eigenen kleinen Ortsteil und ein Industriegebiet bilden. Insbesondere mittels der bedeutenden Luft-und Raumfahrtindustrie.

Der Oktober 2010 war mit 283.336 Passagieren der bislang passagierstärkste Monat des Flughafens seit Bestehen. Im gesamten Jahr 2010 zählte der Flughafen 2.676.297 Fluggäste. Seit 2012 ist Bremen der erste deutsche Flughafen, der satellitengestützte Instrumentenanflüge durchführt (GBAS = Ground Based Augmentation System). Seit November 2017 trägt der Flughafen offiziell den Namen **Bremen Airport Hans Koschnick**. Koschnick war von 1967 bis 1985 Präsident des Senats, somit Bremer Bürgermeister und später sogar Ehrenbürger.

Nicht nur für Fluggäste ist der Flughafen attraktiv – die Besucherterrasse bietet einen hervorragenden Blick auf startende und ankommende Flieger (Fernweh inklusive). In der Bremenhalle ist das Spacelab sowie das Originalflugzeug der mutigen Atlantiküberquerung von 1928 zu besichtigen.

So bleibt der Bürgermeister unvergessen

Südervorstadt

Wer die Friedrich-Ebert-Straße im südlichen Teil passiert, gelangt in die **Südervorstadt**. Dieser Ortsteil wird von der Meyerstraße und der Neuenlanderstraße umschlossen und reicht bis zur **Piepe vor der Kleinen Weser**. Das Gebiet ist in etwa 29,5 Hektar groß, hier leben 5.064 Menschen. Die Straßen sind nach Philosophen, Dichtern und Denkern sowie Grundstückeignern und Bauunternehmern benannt. So gibt es hier zum Beispiel eine Schopenhauerstraße; Kant, Nietzsche, Hegel & Co. sind auch vertreten. Wulfhoop, Meyer und Rasing waren Bauunternehmer in Bremen. Leider hat sich die Bezeichnung Philosophenviertel nicht durchgesetzt.

Die Straßenzüge sind geprägt von einer kleineren Version der Altbremer Häuser. Die Fassaden sind oft weniger verziert und kommen manchmal sogar ganz ohne detailverliebte Stuckelemente aus, erstrahlen dafür oftmals in bunten Farben und machen das Gesamtbild sehr lebendig und fröhlich. Pink neben grün, gelb über blau. Dazwischen ein roter Tupfer. Da muss sich manchmal der Nachbar von gegenüber erst die Augen reiben und die Stirn runzeln, bis er den Anblick lieb gewonnen hat. Auch nebenan im Buntentor gibt es solch farbenfrohe Straßen (logisch, man muss seinem Namen ja gerecht werden).

Fast schon berühmt ist die Südervorstadt für ihren **EDEKA-Markt** an der Gastfeldstraße (früher SPAR), der einige Jahre lang rund um die Uhr geöffnet hatte und dessen Inhaber seine Erlebnisse aus der Supermarktwelt in einem unterhaltsamen Blog namens Shopblogger teilt. Außerdem sehr bekannt und empfehlenswert: das Lädchen **Füllkorn** (Kornstraße), das Lebens- und Hygienemittel unverpackt und bio, teils mit Demeter-Qualität, in individuellen Mengen und vor allem ohne lästige Plastikverpackungen anbietet. Im

Björn Harste teilt seine Erlebnisse unter www.shopblogger.de

Ortsteil Alte Neustadt, Rückertstraße/Ecke Westerstraße, hat **L'epicerie Bio Unverpackt** ein ähnliches Konzept.

Wer sich in kulinarischer Hinsicht austoben möchte, kommt in der kleinen Südervorstadt ebenfalls auf seine Kosten: die griechische **Ouzeria Symposio** hat exquisite kleine Portionen namens Mezedes im Angebot, und es gibt darüber hinaus verschiedene Imbisse und Pizzerien, die Hunger und Appetit stillen.

Architektur und Altbremer Häuser

Die Neustadt ist der am dichtesten besiedelte Stadtteil von Bremen. Dennoch wird das Straßenbild nicht von großen Mietshäusern, sondern von **schnuckeligen Reihenhäusern im Altbremer Stil** geprägt. In der Mitte des 19. Jahrhunderts stiegen die Einwohnerzahlen in Bremen wegen der Industrialisierung und dem Beitritt zum Zollverein

Beim Hausanstrich wird die Farbpalette gerne komplett ausgenutzt

an und man benötigte Wohnraum. Zu unserem großen Glück wurden Mietskasernen in Bremen verboten, der Rat entschied sich für die heute so typischen Reihenhäuser im Klassizismus, Historismus und Jugendstil, die man bewusst als Einfamilienhaus konzipiert hatte. Die Häuser sollen um 1900 zwischen 6.000 und 20.000 Mark gekostet haben. Mittlerweile findet in den schmucken Bauten durchaus mehr als eine Familie Platz, etliche Altbremer Häuser sind so hergerichtet worden, dass sie heute über mehrere Wohnungen verfügen.

Die Neustadt soll auch Schoßkind des Rates genannt worden sein, weil Mitglieder des Bremer Rates hier große Güter besaßen. An einigen Straßenzügen ist leicht zu er-

kennen, dass der Bauherr auf Käufer mit reichlich finanziellen Mitteln, die sich ein prachtvolles Stadthaus leisten konnten, spekulierte. So waren die großen Häuser für reiche Kaufleute und Unternehmer gedacht; die in kleinerer Form für Arbeiter und Handwerker.

Auch wenn es natürlich Unterschiede in der Architektur gibt, ist der Aufbau der Altbremer Häuser – ob groß, ob klein, ob rechts der Weser, ob links der Weser – im Wesentlichen gleich: Man betritt das Hochparterre über eine Treppe, die zum Windfang (der kleine Raum zwischen Außentür und Innentür) führt. Auf dieser Etage sind links zwei Räume, oftmals mit Schiebetür verbunden, auf der rechten Seite ist das Treppenhaus und dort ein Raum, der heutzutage häufig als Küche genutzt wird. Ursprünglich jedoch befanden sich die Küche sowie Waschräume und oft auch Räume für Dienstboten im Souterrain.

Das Souterrain ist über eine Außentreppe auf der Vorderseite zu erreichen. Diese Etage ist ungefähr halb hoch zum Straßenniveau, da die Straßen auf den vorherigen Wiesen zuerst aufgeschüttet wurden, die Fläche hinter dem Haus jedoch nicht. Auf der Rückseite zum Garten oder Hof ist die Etage also ebenerdig geblieben. Die zweite Etage ähnelt dem Aufbau des Hochparterres, über dem Windfang liegt ein weiterer Raum. Im Dachgeschoss befanden sich, bei entsprechender Größe des Hauses, kleinere Kammern, oft für das Personal der gut betuchten Eigentümer.

Es ist auffallend, dass die Häuser oft eher schmal sind. Das liegt daran, dass sie in die Tiefe geplant wurden statt in die Breite, da die Kosten für die Errichtung der Straße anteilig vom Eigentümer gemäß der Hausfrontlage bezahlt werden musste. Also baute man eben möglichst platzsparend. Eine Hinterhofbebauung, wie sie häufig in Berlin zu finden ist, war in Bremen nicht erlaubt. Jedes Haus steht direkt an der Straße.

Die typischen Glasveranden kennzeichnen viele Altbremer Häuser

Steht man davor, begeistert vor allem die häufig üppige, fast verspielte Fassade. Kleine Details sind dabei ebenso hübsch anzuschauen wie der typische Windfang und die Glasveranda. Übrigens sind die Veranda oder die Wintergärten Elemente, die erst später als Verzierung verwendet wurden. So lässt sich erkennen, welche Häuser etwas neueren Baujahres sind. Besonders die Häuser, die erst nach fortschreitender Ausbreitung der Stadt gebaut wurden, wie in der Neustadt, sind auf diese Weise im Klassizismus und später Jugendstil verziert worden. Die näher an der Altstadt liegenden Straßen, etwa das Ostertor, sind eher im Stile des Historismus bebaut.

Schlendert man mit wachsamen Augen durch den Stadtteil, erkennt man, dass viele Häusergruppen, manchmal sogar ganze Straßen, zusammengehören. Das hängt

damit zusammen, dass die Bauherren oft mehrere Häuser in einem einheitlichen Stil gebaut haben. Manchmal sind zwei Häuser nebeneinander auch spiegelverkehrte Zwillinge. Größere zusammenhängende Gruppen haben in ihrer Mitte oft ein besonders verziertes Gebäude, das der Bauunternehmer gern für sich selbst reserviert haben soll. Wer kann es ihm verdenken? Die Altbremer Häuser mit ihrem Stuck, Parkett und hohen Räumen gehören zu den gefragtesten Immobilien von Bremen.

Wer heute so ein Schmuckstück besitzt, kümmert sich liebevoll um die aufwändig anfallenden Renovierungsarbeiten. Der Blick in die beliebtesten Straßen der Neustadt lässt ein bisschen Neid aufkeimen. Übrigens wurde an der Rückseite meist gespart. Prunk und prachtvolle Ausschmückungen zieren die Fassaden zur Straße hin, der Anblick aus den Gärten ist weniger detailreich.

Die Neustadt glänzt mit ihren Altbremer Häusern, aber auch durch die Vielfalt verschiedener Haustypen

Die Wohnhäuser in Reihenbauweise prägen in vielerlei Stadtteilen das Bild Bremens, aber natürlich selten so schön wie bei uns in der Neustadt. Mit einer Wohneigentumsquote von knapp 40 % liegt Bremen an der Spitze der deutschen Großstädte. Vielleicht ist euch auch schon mal aufgefallen, dass man in Hamburg oder Hannover selten kleine Einfamilienhäuser direkt in der Stadt findet. Aber so schön die Häuser auch sind, die bestehende Wohnungsnot ist eben auch darauf zurückzuführen, dass die Häuser eher als Einfamilienhaus geplant waren und auch im Rahmen der Umbaumöglichkeiten nur einen begrenzten Raum bieten. Schon damals ging man in wirtschaftlich schwierigen Zeiten dazu über, Wohnungen oder Zimmer im Haus zu vermieten.

Auch einige wenige mehrstöckige Häuser mit Mietwohnungen wurden gebaut. Laut Wikipedia wurden Altbremer Häuser bis in die 1920er-Jahre errichtet. Erst danach wurden vermehrt größere Mietshäuser gebaut, nämlich in der Friedrich-Ebert-Straße sowie in der Kornstraße, beispielsweise zwischen 1919 und 1933 als sozialer Wohnungsbau durch die GEWOBA. Der Spatenstich für die Gartenstadt Süd erfolgte 1956.

Der Wochenmarkt in der Gottfried-Menken-Straße

Gartenstadt Süd

Die **Gartenstadt Süd** ist ein Ortsteil, der von der Neuenlander Straße, dem Kirchweg, der Gastfeldstraße und der Meyerstraße begrenzt wird. Er ist rund 43,5 Hektar groß und 5.109 Menschen haben hier ein Zuhause. Die Gartenstadt wurde zwischen 1957 und 1960, fast zeitgleich mit der Gartenstadt Vahr, durch die GEWOBA (Gemeinnützige Wohnungsbaugesellschaft Bremen mbH) errichtet. Es entstanden 2.700 Wohnungen sowie die Grund- und Hauptschule an der Gottfried-Menken-Straße (diese Schule gibt es nicht mehr) und die Grundschule an der Karl-Lerbs-Straße. Details dazu im Kapitel: Schulen.

Es gibt einen kleinen **Marktplatz an der Gottfried-Menken-Straße**, an dem sich Geschäfte des täglichen Bedarfs befinden, und an dem an drei Tagen in der Woche ein Markt abgehalten wird. Gegenüber in der Thedinghauser Straße befindet sich zudem eine Apotheke.

Über die Stadtteilgrenzen hinaus bekannt ist das **Gastfeld**, die älteste Kneipe der Neustadt mit über 110 Jahren auf dem Buckel (mehr dazu findet ihr im Kapitel Kunst & Kultur). Auch Frau Maria erfreut sich hier großer Beliebtheit. Die Straßen in der Gartenstadt Süd sind nach Dichtern und Schriftstellern (Theodor Storm, Gustav Freytag, Wilhelm Lobsien, Karl Lerbs, Hinrich Fehrs, Wilhelm Raabe) benannt.

Erwähnenswert ist zudem die **Silberwarenmanufaktur Koch & Bergfeld**, die am Kirchweg in einem schlossähnlichen Gebäude ihren imposanten Standort hat. Sie wurde 1829 gegründet und ist damit eine der ältesten noch aktiven Silberwarenfabriken in Deutschland.

Aus der bremischen Manufaktur stammen die Silberbestecke in den deutschen Botschaften im Ausland, früher auch der Pokal der UEFA Champions League (wir spielen also irgendwie jedes Jahr mit …) und der Fernsehpreis Goldene Kamera. Auch der DFB-Pokal und die Bundesliga-Meisterschale wurden hier hergestellt.

Die Goldene Kamera und der Champions-League-Pokal wurden sogar in Bremen entworfen; vom DFB-Pokal, von der Meisterschale und von der Karlspreis-Medaille (jährlich in Aachen verliehene Auszeichnung für Persönlichkeiten, die sich um Europa und die europäische Einigung verdient gemacht haben) werden Nachbildungen angefertigt.

Das Unternehmen errichtete 1874/75 einen Standort am heutigen Kirchweg auf dem Neuenlander Feld, das zwar innerhalb der bremischen Grenzen, aber außerhalb der Zollgrenze lag. So konnte man sich ungehindert von hohen Einfuhrzöllen entwickeln und kostengünstig Kundschaft außerhalb Bremens erreichen.

Ein Teil des Unternehmens ist vor Jahren in die Überseestadt umgezogen (dort kann man in der Gläsernen Manufaktur auch bei der Gold- und Silberwarenproduktion zugucken).

Das Schlossgebäude in der Neustadt steht daher Ende 2019 zu großen Teilen leer. Planungen für das denkmalgeschützte Areal umfassen unter anderem Wohnungen und eine Seniorenresidenz. Eine Kindertagesstätte gibt es schon.

Auch Gastronomie, Fitness- und Gesundheitsangebote sind in der Diskussion. Was tatsächlich geschieht, werden wir in den kommenden Jahren selber sehen können.

Huckelriede

Der Kirchweg, an dem sich die Silberwarenmanufaktur befindet, markiert die Grenze zum nächsten Ortsteil. Wer zu Fuß unterwegs ist, nimmt am besten den Weg durch das ausgedehnte Kleingartengebiet Richtung **Huckelriede**. Das ist sehr idyllisch und schön zum Spazierengehen. Die Bezeichnung wird abgeleitet von höckerig und riede, was so viel bedeutet wie eine huckelige, sumpfige Niederung. So weit, so wenig schmeichelhaft.

Der Name für eine Fernstraße von Bremen nach Kattenturm übertrug sich auf ein Landgut und schließlich auf das Neubaugebiet in diesem Bereich. 1935/1936 wurde die Hindenburg-Kaserne errichtet, die nach 1945 in Scharnhorst-Kaserne umbenannt wurde. In einigen Kasernen sind nach dem Krieg Wohnungen für Kriegsflüchtlinge und Kriegsgeschädigte eingerichtet worden. Gegenüber ist das **Landeskommando Bremen** der Bundeswehr stationiert.

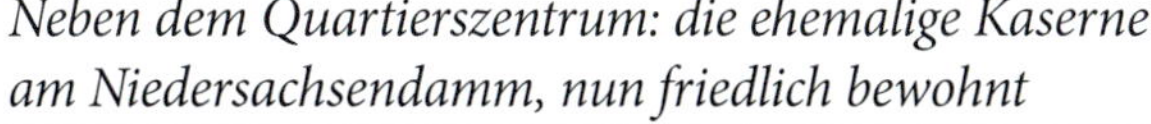

Neben dem Quartierszentrum: die ehemalige Kaserne am Niedersachsendamm, nun friedlich bewohnt

Der Friedhof Huckelriede lädt zu Spaziergängen im Grünen ein

Ebenso die Bremer Bereitschaftspolizei. Anfang 1949 entstand daneben zudem die **Roland-Klinik,** die inzwischen um ein Gebäude erweitert worden ist, einschließlich des Restaurants VENTO.

Huckelriede ist ungefähr 566,7 Hektar groß und das Zuhause von rund 7.700 Anwohnern. Das Gebiet beginnt westlich vom Kirchweg und reicht südlich bis zur Neuenlander Straße, sowie nordöstlich entlang der Habenhauser Landstraße, und schließt auch das Gebiet der neuen Gartenstadt Werdersee ein.

Beschaulich sind die winzigen Einfamilienhäuser im Grünen Winkel, im Rosenpfad, im Stillen Weg und Bei den Fünf Giebeln. Die Reihenhäuser wurden als einfache Siedlungen für Arbeiter errichtet und sind von der Kornstraße abgehend. Korn bezieht sich ganz einfach auf den Anbau von Getreide; ebenso wie die Gastfeldstraße, die ein Gerstenfeld zum Vor-

Typische Huckelrieder Häuschen am Buntentorsteinweg

bild hatte. Andere Straßen in Huckelriede sind häufig nach Autoren und Gelehrten (Georg Droste, August und Friedrich von Schlegel, Hermann Boßdorf, Heinrich von Kleist, Franz Grashof, Ludwig Tieck) benannt, aber auch nach dem Festungsbaumeister Johan van Valckenburgh. Nicht weit entfernt ist die Bezirkssportanlage Süd angelegt worden, auch zugänglich über die beim GE.BE.IN von der Kornstraße abzweigende Volkmannstraße mit deren Supermärkten.

Überregionale, aber traurige Bekanntheit erlangte der Neustädter Ortsteil im August 1988 durch das Gladbecker Geiseldrama. Die Entführer brachten am hiesigen Busbahnhof einen Linienbus mit zwei ihrer späteren Opfer in ihre Gewalt. Am Abend verstarb zudem ein junger Polizist am Tatort, als er während seiner Dokumentationsarbeiten angefahren wurde. Inzwischen erinnern ein Baum und eine kleine Säule an diese Tragödie.

Der Ortsteil zählt nicht zu den bekanntesten Ecken der Neustadt. Vielleicht hat es mit der Randlage zu tun, vielleicht mit den zuweilen unterschiedlich aussehenden Straßenzügen. Um das Stadtbild zu verbessern, wurde in den letzten Jahren viel Geld zwecks Neugestaltung von der Stadt aufgewendet.

Die **Circusschule Jokes** ist ein 1998 gegründeter Verein mit inzwischen zwölf Standorten in Bremen, davon fünf in der Neustadt und davon allein drei in Huckelriede.

Um das Gebiet besser zu nutzen, sind neue Wohngebiete entstanden. Etwa Am Dammacker und auf der Brache der ehemaligen Cambrai-Kaserne sowie für exklusive Wohnviertel, wie die **Gartenstadt Werdersee**. Dank der Lage am Wasser zählen einige dieser Siedlungen zu den gehobenen und begehrten Immobilien. Weitere städtebauliche Maßnahmen haben dazu beigetragen, Huckelriede aufzupeppen.

Gegenüber der Roland-Klinik befindet sich das VENTO mit Blick auf den Werdersee

Dazu gehören unter anderem die Neugestaltung des **Huckelrieder Parks**, die drittälteste öffentliche Parkanlage Bremens, und des neuen **Huckelrieder Friedenswegs** als grüne Passage von der Valckenburghstraße bis zum Werdersee. Auf dem Cambrai-Dreieck wurde neben neuen Wohnungen, einem Mehrgenerationen-Wohnprojekt und Einfamilienhäusern auch ein **Quartierszentrum vom Martinsclub Bremen** als Bewohnertreffpunkt er-

richtet. Dort gibt es diverse soziale Beratungsangebote, Kulturabende und andere Events sowie die Stadtteilküche **Marie Weser**.

Gut speisen kann man außerdem in zwei gemütlichen griechischen Restaurants, **Akropolis** und **Mykonos** nahe der Kornstraße, sowie im geräumigen und dennoch lauschigen **Café Del Sol** am Niedersachsendamm. Als DIY-Treffpunkt ist seit einigen Jahren die **Co-Werkstatt Kalle** ein Anziehungspunkt für Kreative aus Huckelriede und darüber hinaus. Dort gibt es Workshops und Events und vor allem Raum für neue, verrückte Ideen.

Der **Werdersee** ist ein herrliches Fleckchen Erde zum Schwimmen, Sporteln und Faulenzen. Der größte See Bremens ist streng genommen gar kein See, sondern als Nebenarm der Weser an beiden Enden mit ihr verbunden.

Am Werdersee und beim Café Sand bietet die Neustadt sogar ein Stückchen Sandstrand

(An dem einen nur bei Hochwasser.) Es handelt sich um eine Flutrinne von Arsten/Habenhausen bis zur Kleinen Weser, die den Stadtwerder vor Überschwemmungen schützen sollte und zwischen 1953 und 1960 großzügig angelegt wurde.

Im Jahr 1981 ereignete sich leider dennoch eine gewaltige Überschwemmung, wobei der Werdersee als Flutrinne diente. Es kam zu einem Weserdurchbruch und massiven Zerstörungen, unter anderem von mehreren Kleingartengebieten nahe der Erdbeerbrücke. Auch einige der so genannten Kaisenhäuser, also Häuser in Kleingärten, die von Bürgermeister Kaisen aufgrund der großen Wohnungsnot nach dem Zweiten Weltkrieg als Wohnhaus freigegeben wurden, befanden sich auf dem Areal.

Der **Bunker Kornstraße** ist anscheinend zu groß, um entfernt zu werden, also wurde er 1981 von Rolf Thiele thematisch mahnend mit Antikriegsszenen bemalt.

Ebenso andere Bunker, unter anderem in Gröpelingen, Findorff und Hastedt, einige als Projekte der Bremer Hochschule für Künste.

Verwaltungstechnisch gesehen zählen übrigens auch die östlichen Gebiete des Werders zu Huckelriede, also der Bereich, in dem sich der **Badestrand des Werdersees** und das **Café Sand** befinden, sowie das **Kleingartengebiet**, das gutbürgerliche Ausflugslokal **Zum Kuhhirten** und der **Campingplatz** für Reisemobile.

Wer nun am Werdersee entlang zum nächsten Quartier, dem **Buntentor**, spazieren möchte, dem sei das **Kiosk-Urgestein Quarkbüddel** für ein kurzes Päuschen und einen Schnack empfohlen, das sich am Ende des Niedersachsendamms direkt am Werderseeufer befindet.

Der Bunker, nun als Antikriegs-Mahnmal bemalt, steht am Ende der Kornstraße

Gartenstadt Werdersee

Die Gartenstadt Werdersee ist ein noch junger Ortsteil der Neustadt. Bevor auf der rund 16 Hektar großen Fläche etwa 260 Reihen- und Doppelhäuser sowie Miet- und Eigentumswohnungen entstanden, gab es dort nur eine große, grüne Wiese. Im Rahmen des Bremer Bündnisses für Wohnen wurden vom Senator für Umwelt, Bau und Verkehr insgesamt mehr als 30 städtische wie private Wohnbauflächen avisiert – darunter auch die Wiese neben dem Huckelrieder Friedhof zwischen Habenhauser Landstraße und Werdersee. Das Baugebiet war vor Ort durchaus umstritten, die neuen Bewohner freuen sich aber über dieses stadtnahe Quartier.

Die neue Gartenstadt zählt zu den größten Bauprojekten Bremens und wird von der Projektgesellschaft Gartenstadt Werdersee (PGW), ein Zusammenschluss der Bremer Firmen Interhomes AG, Gebrüder Rausch und Dr. Hübotter Grundstücksgesellschaft, realisiert. Auch die GEWOBA ist involviert und baut 220 Mietwohnungen; den Löwenanteil davon als geförderte Wohnungen. Außerdem gibt es eine Kindertagesstätte, einen Supermarkt und weitere kleine Geschäfte für den täglichen Bedarf. Von der Stadt wird eine Grundschule errichtet.

Die Gartenstadt Werdersee ist die zweite Klimaschutzsiedlung in Bremen. Das energieeffizient geplante Quartier zeichnet sich zum Beispiel dadurch aus, dass von der GEWOBA quartierseigene Blockheizkraftwerke zum Einsatz kommen, die alle Häuser und Wohnungen in dem neuen Ortsteil mit Wärme und Strom versorgen.

Bundesweit einmalig ist zudem die Verwendung von Ziegelsteinen, die aus baustelleneigener Erde gebrannt wurden. So bestehen die Ziegel der Häuser in der Gartenstadt zu rund 30 Prozent aus der Erde vor Ort.

Buntentor

Nordwestlich von Huckelriede befindet sich der Ortsteil **Buntentor**. Mit 6.843 Einwohnern auf 51,2 Hektar ist es ähnlich trubelig besiedelt wie die Südervorstadt und das Flüsseviertel. Straßenzüge voller hübscher, typisch gebauter Altbremer Häuser bieten den Neustädtern hier ein gemütliches Heim. Das Gebiet wird umschlossen von der Kleinen Weser und der Gastfeldstraße sowie vom Kirchweg und der Meyerstraße. Viele Straßen sind nach einst kriegsrelevanten Ortschaften (Möckern, Tauroggen, Waterloo, Roßbach), Lyrikern (Matthias Claudius, Christian Fürchtegott Gellert), Geistlichen (Albert Hardenberg, Joachim Neander) und Generälen (Ludwig Graf Yorck von Wartenburg, August Graf Neithardt von Gneisenau) benannt.

Kita der Ev. Gemeinde St. Jakobi – bunt im Buntentor

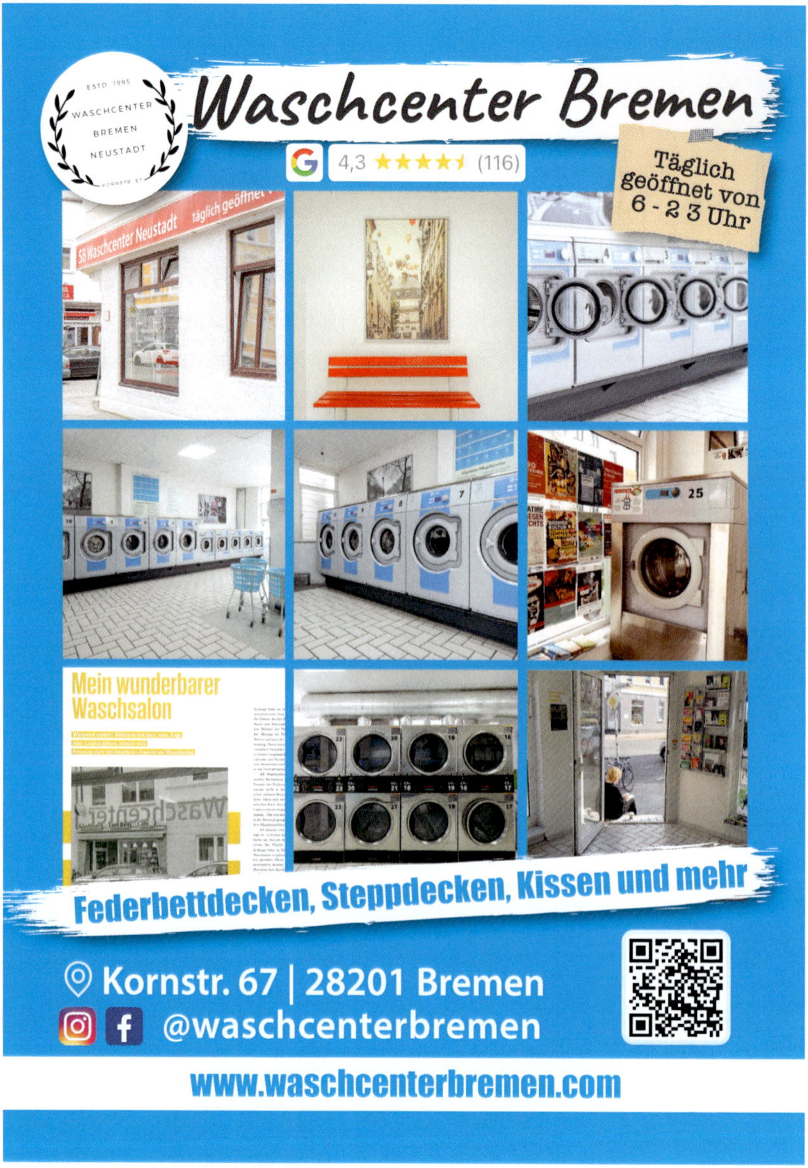
ESTD. 1995
WASCHCENTER
BREMEN
NEUSTADT
Waschcenter Bremen
4,3 (116)
Täglich geöffnet von 6 - 23 Uhr
SB Waschcenter Neustadt
täglich geöffnet
Mein wunderbarer Waschsalon
Federbettdecken, Steppdecken, Kissen und mehr
Kornstr. 67 | 28201 Bremen
@waschcenterbremen
www.waschcenterbremen.com

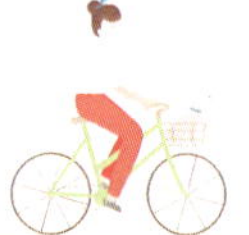

Zwei große Straßenzüge prägen Südervorstadt, Buntentor und Huckelriede – der Buntentorsteinweg und die Kornstraße. Die Kornstraße war viele Jahre Durchgangsstraße als B6 und ist mit der Hausnummer 648 Bremens Straße mit den höchsten Hausnummern; der Buntentorsteinweg kommt aber auch noch auf 594 und ist damit die Straße mit den zweithöchsten Hausnummern in Bremen. Beide Straßen sind mit Cafés, Imbissen und kleinen Lädchen mit Kleidung, Keramik, Spielwaren, Secondhand, einer Buchhandlung und einigem mehr belebt; man kann hier entspannt wohnen und entlangbummeln.

Rund um das Gelände des damaligen Autohauses Brinkmann bis zum Einkaufsgebiet Volkmannstraße werden zwischen Kornstraße und der Bezirkssportanlage Süd 300 Wohnungen in Häusern mit vier bis sieben Etagen gebaut. Gastronomie und verträgliches Gewerbe kommen hinzu.

Auf dem Gelände des ehemaligen Autohauses Brinkmann wird derzeit viel geplant und entwickelt: ein nahezu autofreies Quartier mit 500 Wohnungen für ältere Menschen, Studierende, Familien und unterschiedliche Arten von Wohngemeinschaften sollen auf dem so genannten Kornquartier entstehen. Die Pläne sehen eine Markthalle mit gastronomischem Angebot und Einkaufsmöglichkeiten vor, ein Fitnessstudio, ein Ärztehaus, altersbetreutes Wohnen und eine Kita. Darüber hinaus Gewächshäuser für die Allgemeinheit, eine Stadtbühne, Manufakturen, ein Hotel und Räume für Coworking.

Am Kirchweg befindet sich der Beginenhof, ursprünglich als Modellprojekt im Rahmen der EXPO 2000 als Projekt für Frauen geplant, die hier in Gemeinschaft leben, arbeiten und sich gegenseitig unterstützen.

Die **Werkstatt Bremen** betreibt im vorderen Teil des Buntentors den **Martinshof**, eine der ältesten und größten Werkstätten für Menschen mit Behinderungen in Deutschland, und hat die Zentrale in der Hoffmannstraße.

Was geschah dort vor über und seit 150 Jahren?

Das Buntentor wurde zwar erst 1875 in die Stadt Bremen eingemeindet, aber schon zu Anfang des 18. Jahrhunderts kam Bewegung in die Gebiete links der Weser: Zum einen wurden Strukturen zwecks Verwaltung geschaffen und zum anderen siedelten sich in Neustadtnähe kleine Industriebetriebe an und vor dem Bunten Tor entstanden kleine Arbeiter- und Handwerkerhäuschen. Auch die Einführung der Gewerbefreiheit 1861 unterstützte die Besiedlung und Entwicklung der Neustadt. Handwerker waren deshalb nicht länger verpflichtet, in der Altstadt zu wohnen und konnten auf die billigere Weserseite ausweichen.

In den **Manufakturen der Neustadt** wurden Seife, Strümpfe, Branntwein und Hüte hergestellt. Am bedeutendsten jedoch war die **Tabak- und Zigarrenindustrie**. Mit dem steigenden Bedarf an Arbeitskräften in der Tabakindustrie stieg auch die Nachfrage an günstigem Wohnraum. So entwickelte sich das Buntentor zum Zigarrenarbeiterviertel. Meist fand die Produktion in Wohnhäusern und angebauten Schuppen statt. Um den wenigen Platz am effektivsten zu nutzen, bauten Hauseigentümer und Fabrikanten hinter ihren Häusern Wohngänge – kleine, von den Straßen abzweigende Gassen – mit Kleinsthäusern zum Vermieten, um damit das Haupthaus zu finanzieren. In den Gängen und Ganghäusern herrschte oft Schmutz und Armut. Das Leben der Zigarrenmacher war sehr hart, vor allen Dingen wohl aus unserer heutigen bequemen Sicht der Dinge waren die Wohnsituationen sehr bescheiden und unhygienisch.

Die Arbeiter hatten keinerlei soziale Absicherung, sie waren schnell auf Hilfen von Wohlfahrtsorganisationen angewiesen, wenn sie beispielsweise aufgrund von Krankheiten (insbesondere die Schwindsucht war eine häufige Erkrankung) oder Alter nicht mehr arbeiten konnten. Ein bekanntes Bremer Original, Mudder Cordes, verlor ihren

Mann, einen Zigarrenarbeiter, beispielsweise sehr früh. Ohne irgendeine Art Absicherung, die sie nach dem Tod ihres Ehemannes unterstützt hätte, musste sie sich fortan selbst durchbringen. Von fünf Kindern gab sie vier in ein Waisenhaus. Mudder Cordes betrieb einen Grünkramwagen, von dem sie Obst und Gemüse an die Neustädter verkaufte. Der Wagen wurde zunächst von ihrem Hund Sultan und später von einem Esel namens Anton gezogen. Ihr Einfallsreichtum machte sie stadtweit bekannt.

Um die Umstände zu verbessern, gründeten zwölf Zigarrenmacher im Jahr 1846 den **Verein Vorwärts**, einen Bildungsverein, den wir heute vor allem als Sportverein in der Innenstadt kennen. Darin waren alle Stände

Das Zigarrenmacherdenkmal Ecke Buntentorsteinweg/Kirchweg

Auch die Nachfahren der Zigarrenarbeiter lesen Bücher

vertreten, es wurden Schreiben, Rechnen, Deutsch, Englisch, Gesang, Turnen und kaufmännische Fächer unterrichtet. Bald darauf, im Jahr 1849, wurde von den Zigarrenarbeitern als eine der ersten Berufsgruppen ein Arbeiterverein gebildet sowie Unterstützungskassen für die soziale Absicherung ins Leben gerufen und Vorleser für die Zigarrenarbeiter eingestellt.

Heute erinnert ein Denkmal an diese prägende Zeit. Die **Skulpturengruppe von Holger Voigts** ist am Buntentorsteinweg an der Ecke zum Kirchweg zu finden. Sie zeigt fünf Arbeiter bei der Produktion von Zigarren. Ein Platz am Arbeitstisch ist noch leer, dort liegt ein Buch mit folgendem Text:

»Um 1850 war jeder sechste Bremer in der Zigarrenindustrie tätig. Viele Zigarrenmacher lebten und arbeiteten in den kleinen Häusern im Buntentor. Ein Zi-

garrenmacher musste bis zu 1.000 Zigarren am Tag machen. Dafür musste er 12–14 Stunden arbeiten. Die Zigarrenmacher beschäftigten Vorleser, die ihnen bei der Arbeit aus Zeitungen und sozialistischen Schriften vorlasen. Auf diese Weise über das Zeitgeschehen informiert und gebildet, konnten sie sich schon früh für die Rechte der Arbeiter einsetzen. Sie bildeten schon 1849 ihre erste Gewerkschaft, gründeten Unterstützungskassen und ähnliches.«

Nach und nach wurden die bremischen Gebiete dem **Zollverein** angegliedert: 1856 Huchting und Grolland, 1875 Arsten, Habenhausen und Neuenlande, der Buntentorsteinweg und ein Teil Woltmershausens, 1879 der Stadtwerder, 1888 dann das gesamte bremische Staatsgebiet. So wurde auch dem Schmuggel ein Ende gesetzt. Denn die Zigarrenmacher im Buntentor sollen sich den färbenden Tabak um die Beine gewickelt haben, um ihre Erzeugnisse in die Altstadt zu schmuggeln. Daher wurden sie wohl respektlos *Geelbeen* genannt. Die Ära der Zigarrenmacher fand mit Einführung der maschinellen Fertigung in der zweiten Hälfte des 19. Jahrhunderts ein Ende.

Dieses Viertel wurde 1875 in die Stadt Bremen eingemeindet. Nun musste natürlich auch die Erreichbarkeit verbessert werden. Und zwar mit der Straßenbahnlinie 4, die vom Marktplatz über die Große Weserbrücke (heute Wilhelm-Kaisen-Brücke) bis Kirchweg und ab 1884 bis Arsterdamm fuhr. Damals war die Bahn allerdings weniger beleuchtet und gepolstert, sondern eher zuckelig gemütlich. Der Ursprung der Bremer Straßenbahnen lag nämlich wie das Glück der Erde auf dem Rücken der Pferde. Elektrifiziert wurde die Bahn dann 1900, die erste elektrische Bahnstrecke in die Neustadt fuhr schon zehn Jahre früher, allerdings über die andere Brücke, die Kaiserbrücke (heute Bürgermeister-Smidt-Brücke).

Das Radieschen am Buntentorsteinweg neben dem Friedhof

Das Gebiet Buntentor zeichnet sich heute durch zahlreiche Kunst- und Kultureinrichtungen sowie eine Reihe von tollen Restaurants, Cafés und Kneipen aus. Es ist unmöglich, sie alle zu nennen, daher nur eine kleine, subjektive Auswahl an dieser Stelle.

Ich mag das italienische Restaurant **Gargano** sowie den Griechen **Meteora**, die sich beide in der Kornstraße befinden. Ebenfalls in der Kornstraße findet ihr das Eiscafé **Il Friulano** mit leckerem Eis und vielen Eisbechern zum Mitnehmen. Der **Zedern Imbiss** in der Kornstraße ist ebenfalls äußerst beliebt und empfehlenswert. Im Buntentorsteinweg gibt es im **Radieschen** ausgesprochen leckeren Kuchen, syrische Köstlichkeiten im **Falafeliano** und Burger im **Burgerpark** (einfach ein origineller Name für ein Bremer Restaurant).

Die Neustadt und ihre Straßenbahn

Von Heiner Brünjes

Die Bremer Neustadt punktet heute unter anderem auch mit ihrem dichten Straßenbahnnetz. Sie wird aktuell von vier Straßenbahnlinien befahren, nämlich 1, 4, 6 und 8. Die Ursprünge des Netzes reichen bis in das 19. Jahrhundert zurück. Mobilität konnten sich damals nur wohlhabende Bürger leisten. Dies änderte sich erst mit dem Bau von Eisenbahnen sowie Pferde- und später auch elektrischen Straßenbahnen. Zwei Gesellschaften teilten sich ab 1876 den Verkehr in Bremen: Die Actiengesellschaft Bremer Pferdebahn (später Bremer Straßenbahn) gehörte bremischen Kaufleuten und die bedeutendere Große Bremer Pferdebahn war Teil einer Londoner Gesellschaft.

Am 5. August 1880 begann auf dem linken Weserufer ein neues Mobilitäts-Zeitalter: Als dritte Pferdebahnstrecke in Bremen wurde die Verbindung vom Marktplatz über Wachstraße, Große Weserbrücke, Herrlichkeit, Brautbrücke und Osterstraße ins Buntentor eröffnet. Betreiberin war die Große Bremer Pferdebahn. Nicht einmal sieben Wochen nach Beginn der Bauarbeiten beförderte ein Korso aus elf bekränzten und mit Flaggen geschmückten Wagen auf Einladung von Direktor Sheldom 300 Kinder vom Buntentorsteinweg zu Winters Café in Walle. Der Linienbetrieb begann dann am 9. August 1880.

Zunächst konnte nur ein Wagen auf der Strecke fahren, da erst am 20. August das erste Stallgebäude am Buntentorsteinweg Nr. 159 in der Nähe des Kirchwegs fertig wurde. Das zweite war noch im Bau, die Wagenremise war weit hinter dem Plan zurück. Ohne diesen Betriebshof war allerdings kein erweiterter Betrieb möglich. Immerhin sollte er nach Fertigstellung 56 Pferden und 20 Wagen Platz bieten.

Die Wagen fuhren auf einer Zick-Zack-Linie durch die Neustadt, nämlich vom Marktplatz über Wachtstraße, Große Weserbrücke, Herrlichkeit, Brautbrücke und -straße, Osterstraße und Buntentorsteinweg zunächst bis zum Kirchweg. Der Grund für diese umständlich erscheinende Streckenführung: Bis 1905 gab es anstelle der heutigen Wilhelm-Kaisen-Brücke noch keine durchgehende Brücke. Und auch der Leibnizplatz war noch nicht vorhanden. Im Jahr 1884 kam die Verlängerung bis zum Arsterdamm und 1900 die Elektrifizierung. Liniennummern gab es ab 1908. Die Strecke durch das Buntentor erhielt zunächst die Ziffer 5. Der Traum von einer Erweiterung bis nach Brinkum wurde jedoch nie verwirklicht. Im Jahr 1973 kam der Ausbau bis nach Arsten und 1998 bis zur Bezirkssportanlage.

In Woltmershausen wurde die Linie 7 verewigt

Mit der Straßenbahn in die Zukunft

Die Bremer Neustadt ist heute ein Stadtteil, der mit Verkehr und Abgasen stark belastet ist. Neben dem Fußgängerverkehr und dem Fahrrad hat die elektrisch angetriebene Straßenbahn für die Fortbewegung eine hohe Bedeutung. Denn sie erzeugt vor Ort keine Abgase. Durch die Neustadt fahren die Linien 1 und 8 (über die Langemarckstraße), 6 (Friedrich-Ebert-Straße) und 4 (Buntentor) im dichten Takt.

Ein Ausbau des Netzes in der Neustadt ist derzeit nicht geplant. Eine verkehrliche Entlastung ist durch die Verlängerung der Straßenbahn bis nach Mittelshuchting (Linie 1) und über Stuhr bis nach Weyhe-Leeste (Linie 8) möglich. Pendlerinnen und Pendler könnten dann bereits am Stadtrand oder in den niedersächsischen Nachbargemeinden Park & Ride- oder Bike & Ride-Angebote nutzen und auf öffentliche Verkehrsmittel umsteigen. Die Linie 7 Rablinghausen-Woltmershausen ist nicht in den Verkehrsplan 2025 aufgenommen worden, auch nicht eine Linie 9 Querverbindung Neustadt Huckelriede.

Die Anbindung wird mit Bussen geschehen

Die Linie 4 verbindet Arsten und Buntentor mit der Innenstadt etc.

Die vordere Alte Neustadt

Alte Neustadt

Zum Ende unserer Neustädter Runde kommen wir zurück in die Wiege der Neustadt, nämlich in den Kern der Alten Neustadt. Heutzutage als alt bezeichnet, war sie in ihrer Entstehung das genaue Gegenteil. Nämlich das neue Gegenstück zur bestehenden Altstadt. Mit einer Fläche von 140 Hektar und 6.682 Einwohnern ist sie etwas weniger dicht bevölkert als die anderen Ortsteile. Vor allem Industrie und Gewerbe zählen hier zum Stadtbild. Es gehören auch der Teerhof (die Halbinsel zwischen Weser und Kleiner Weser) und der an den Werdersee grenzende Stadtwerder zur Alten Neustadt. Die vordere Grenze ist im Nordosten die Weser sowie Richtung Süden die Neustadtscontrescarpe. Im Westen wird die Bahnstrecke Bremen-Oldenburg als Ende der Alten Neustadt betrachtet und im Osten die Piepe und die Friedrich-Ebert-Straße. Die jetzige Friedrich-Ebert-Straße trug früher verschiedene Namen: Nördlich des Leibnizplatzes bis zur Brücke hieß sie Brückenstraße. Das Mittelstück der Friedrich-Ebert-Straße wurde zunächst nach Außenminister Walther Rathenau benannt und in der Nazi-Zeit nach dem Jagdflieger Manfred von Richthofen. Der im Süden gelegene Abschnitt trug zeitweilig den Namen Hermann-Göring-Straße. Nach dem Krieg fasste man alle Teile zur Friedrich-Ebert-Straße zusammen.

Später wurde der südlichste Teil, ab Neuenlander Straße, wieder in Flughafendamm umbenannt. An der Friedrich-Ebert-Straße finden wir auch den Leibnizpark der Neustadtswallanlagen. Er befindet sich am Leibnizplatz und beherbergt mit dem Centaurenbrunnen das erste größere Denkmal der Neustadt. Der Brunnen zeigt einen mit einer Schlange kämpfenden Pferdemenschen und wurde im Jahr 1959 von Schwachhausen in die Neustadt versetzt. Genau gegenüber auf der anderen Seite der Friedrich-Ebert-Straße gibt es einen kleinen Grünzug, der im Frühjahr und

Sommer in farbenfroher Blüte steht. Dort lohnt es sich, das Handy für ein Foto zu zücken. Inmitten der Blumen wurde die Skulptur »Sitzendes Paar« aufgestellt. Die Bronzefigur wurde von Alice Peters-Ohsam entworfen und stammt aus dem Jahr 1973.

Friedrich Ebert, nach dem die Hauptverkehrsachse benannt wurde, war der erste Reichspräsident der Weimarer Republik nach dem Ersten Weltkrieg. Aber für die Bremer und Neustädter war er mehr als das: Ebert betrieb hier in der Alten Neustadt zwischen 1894 und 1900 mit seiner Frau Louise eine kleine Kneipe mit dem Namen »Zur Guten Hilfe«. Die Gaststätte befand sich in der Brautstraße unweit der Kleinen Weser. Der Kneipenname war Programm: Arbeiter erhielten hier kostenlos rechtliche und soziale Beratungen, die Gaststätte entwickelte sich zu

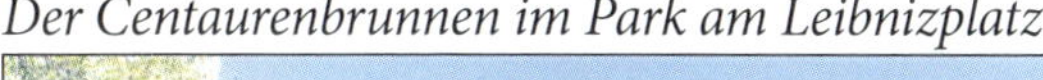
Der Centaurenbrunnen im Park am Leibnizplatz

einem Zentrum politischer und gewerkschaftlicher Aktivitäten. Nach Eberts Aufstieg in die Politik übernahm Gerhard Wundermann das Lokal und taufte es findig in »Zum Reichspräsidenten« um. Heute gibt es die Kneipe nicht mehr. Die Brautstraße war damals eine der wichtigsten Straßen der Neustadt, denn sie führte direkt zur Brautbrücke über die Kleine Weser.

Die Brautstraße zählte neben der Wester-, Oster- und Großen Johannisstraße um 1638 zu den ersten Straßen mit geschlossener Bebauung. Sonst gab es eher vereinzelte Höfe. Einst verlief die Besiedlung der Neustadt nach dem Bau der Befestigungsanlagen schleppend. Erst mit dem Erlass von Privilegien für Neustädter ging es besser voran. Die Ordonnance von 1642 trieb die Besiedlung der Neustadt durch die Gewährung von allerlei Annehmlichkeiten voran. Jedoch hatten die Neustädter nur ein minderes Bürgerrecht, sie waren in ihrer Residenzpflicht auf die Neustadt und deren Vororte festgelegt und durften nicht in die Altstadt ziehen. Auch durften sie nicht am Bürgerkonvent (ein Rat aus Kaufleuten, Mitgliedern aus Zünften und Geistlichen) teilnehmen oder Ratsherren werden. Verwaltet wurde die Neustadt von Neustadtsherren aus dem Rat und Bürgern aus den Altstadt-Kirchspielen; sie durfte sich also nicht selbst verwalten und organisieren.

In der Mitte des 18. Jahrhunderts gab es in der Neustadt 1.216 Wohnhäuser und 20 Wohnkeller mit 6.000 bis 7.000 Einwohnern. Einige Straßen hatten durch die Gängeviertel, also die kleinen Gassen, und Kleinsthäuser eine hohe Siedlungsdichte. So gab es etwa in der Osterstraße insgesamt 177 Häuser und zwölf Gänge, in der Großen Johannisstraße sogar 211 Häuser und elf Gänge. Insgesamt soll es rund 47 Gänge mit Ganghäusern gegeben haben, mit denen sich die Hauseigentümer Mieteinkünfte zu sichern versuchten.

Was wir heute als pittoresk empfinden (der Schnoor ist ja auch ein Gängeviertel) war damals weit davon entfernt,

ein romantischer Winkel zu sein. Wie in den Zigarrenmachervierteln im Buntentor war es auch dort schmutzig und aufgrund mangelhafter Abwassersysteme ein steter Herd von Krankheiten.

Im Zweiten Weltkrieg wurde dieses Gängeviertel vernichtet. Auch wegen einiger kriegsrelevanter Ziele, wie etwa Kasernen, den Brücken, den Häfen und der Bahnlinie, war die Alte Neustadt immer wieder Ziel von Bombenabwürfen. Nach dem Krieg war das Gebiet fast vollständig zerstört. Beim Wiederaufbau war man sich einig, dass die engen Gänge nicht wiederhergestellt werden sollten. In den Ruinenfeldern siedelten sich außerdem vermehrt Industriebetriebe an. Auffallend ist aber die Häusergruppe rund um die Rückertstraße, die im Krieg weitgehend verschont wurde. Die viergeschossigen großen Miets- und Geschäftshäuser passen wenig in das übliche Neustädter Straßenbild mit den eher kleinen Altbremer Reihenhäusern. Die Häusergruppe entstand zwischen 1905 und 1907 und wurde von einem Bauunternehmer namens Friedrich Lüthke geplant und ausgeführt. Es handelt sich um verputzte Bauten, die in der Epoche der Jahr-

Der Prallengang im sogenannten Gängeviertel existiert heute nicht mehr

hundertwende für die Mittelschicht erbaut wurden. Dazu gehören: Rückertstraße 1 bis 34, Friedrich-Ebert-Straße 11, 13 und 15 sowie die Osterstraße 47 bis 50. Seit 1979/1982 steht die Gebäudegruppe unter Bremer Denkmalschutz. Die Bauten wurden mehrfach saniert und einige umgebaut. Benannt wurde die Rückertstraße nach dem Dichter Friedrich Rückert.

Eine bedeutende Industriestraße in der Neustadt war von jeher die Grünenstraße. Ihr Name erklärt sich durch ihren Weg durch Gartengebiete im 18. Jahrhundert. Aufgrund der eher lockeren Wohnbebauung entstanden hier sowie in der Häschenstraße und später auch westlich der Großen Allee (Langemarckstraße) verschiedene Betriebe und sogar größere Fabrikanlagen. So waren diverse Brauereien, Gasthöfe und Branntweinbrennereien, die Seifen- und Essigfabrik Kroning, die Maschinenfabrik L. W. Bestenborstel & Sohn und die Rickmers Reismühlen GmbH in dem Gebiet ansässig.

Auf der gegenüberliegenden Seite an der Westerstraße siedelte sich im Jahr 1895 die Bremer Chocolade-Fabrik Hachez & Co. an, die fünf Jahre zuvor von Joseph Emile Hachez und Gustav Linde gegründet worden war. Das Unternehmen, das mittlerweile zum dänischen Süßwarenhersteller Toms gehört, hatte seinen Sitz lange in der Westerstraße. Mittlerweile wurde die Produktion jedoch verlegt und am einstigen Firmenstandort entsteht das Hachez-Quartier mit Wohnungen, davon 30 Prozent Sozialwohnungen, Gewerbe mit Bildung, Verwaltung, dem Ortsamt, sozialen Einrichtungen, Dienstleistungen, Gastronomie, Kultur- und Freizeiteinrichtungen, Büros/Praxen, Kinderbetreuung, Einzelhandel unter 200 m² Verkaufsfläche sowie so genannten Hybriden Nutzungen, zum Beispiel Co-Working, Co-Living, Einheiten für Wohnen und Arbeiten, Werkstatt-Wohnen für Menschen mit Behinderung, Herbergen und (Tages-)Pflege.

Der renovierte Neustadtsbahnhof befindet sich gegenüber des einstigen Güldenhaus-Geländes, links ist der Bahnzugang

Hast du einen lustigen, seltsamen oder berührenden Gesprächsfetzen in der Neustadt aufgeschnappt? Schreib ihn hier auf!

Service für Ältere in der Neustadt

Von Klaus Kellner

Es wohnen auch viele Ältere in der Neustadt, von denen einige der besonderen Zuwendung bedürfen, weil sie nicht mehr gut laufen können oder einsam geworden sind. Die Sozialsenatorin hat deshalb einen Betreuungsservice eingerichtet, wodurch ehrenamtlich tätige Menschen hilfreiche Besuche absolvieren können. Das nennt sich im besten Behördendeutsch »Aufsuchende Altenarbeit«, deren Zweck es ist, zurückgezogen lebende ältere Menschen aktiv an den Angeboten ihres Stadtteils zu beteiligen, als ein regelmäßiger Besuchs- und Begleitdienst, der auch nachbarschaftliche Kontakte fördern soll.

Für ältere Menschen gibt es viele Gründe, sich zurückzuziehen: eingeschränkte Beweglichkeit, nachlassendes Hör- oder Sehvermögen oder weil Verwandte, Freunde und Bekannte nicht mehr zugegen, in ein Heim verzogen oder verstorben sind. In der Neustadt gibt es zwar etliche Angebote für ältere Menschen, aber manchmal fehlt jemand, der Vereinsamte an die Hand nimmt und sagt: Komm, wir gehen da mal hin.

Eine Freiwilligenkoordinatorin im Stadtteilzentrum St. Michael Kornstraße beim Caritasverband organisiert diesen Neustädter Service, bei dem sich jeder anmelden kann, als ehrenamtlicher Betreuer oder wer gerne besucht, beziehungsweise bei Stadtgängen begleitet werden möchte. Zudem gibt es das Dienstleistungszentrum der AWO in der Lahnstraße 65. Dort können Sie sich ausführlich und unverbindlich zu diversen Thema beraten lassen, wie etwa bei Fragen oder Problemen der häuslichen Situation oder Unterstützung bei der Organisation der Nachbarschaftshilfe für Hauswirtschaft, Begleitung und Betreuung. Östlich der Friedrich-Ebert-Straße ist das DLZ der Caritas in der Kornstraße 371 zuständig (siehe Adressenliste, Seite 183).

Warum in die Ferne schweifen: das Grüne ist so nah

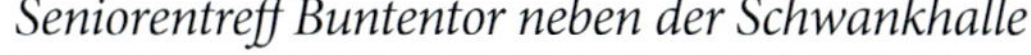

Seniorentreff Buntentor neben der Schwankhalle

Neustadt und Altstadt sind eng verbunden

Neuheit! Hugo Haase's Deep to Deep. Neuheit

Gruß vom Bremer Freimarkt 1912.

Der Freimarkt in der Neustadt

Von Johann-Günther König

Der Bremer Freimarkt ist bereits seit fast 1.000 Jahren eine wichtige Institution der Stadt und einer der Höhepunkte des Jahres. Schon im späten 18. Jahrhundert gab es auch in der Neustadt vereinzelte Veranstaltungen. So hieß es zum Freimarkt 1798 in einer Anzeige, dass »ein lebendiger Seehund und zwei Schildkröten an der Fähre in der Neustadt [...] zu besehen sind; der Seehund wiegt an die 100 Pfund. Standespersonen zahlen nach Belieben. Auch sind diese Tiere zu verkaufen ...«

Als nach dem Neubau des Hauptbahnhofs (1889) der Vorplatz nicht länger als Zusatzfläche für den Freimarkt ausreichte und auch die hinzugenommene Hohenlohestraße keine »Linderung« brachte, eröffnete die Stadt 1890 auf dem Grünen Kamp in der Neustadt ein zusätzliches Areal, das dann ab 1909 durch die Anbindung des Hohentorsplatzes erweitert wurde. Die dadurch entstandene Zweiteilung des volksfestlichen Geschehens auf Plätze in der Alt- und

Neustadt stieß bei so manchem Bremer nicht unbedingt auf Gegenliebe. Anton Kippenberg ließ diesen Unmut in seinen »Geschichten« wehmütig anklingen:

»Mitten in der Stadt, auf den von alten Kirchen und Häusern umrahmten Plätzen, war der Freimarkt aufgebaut, und das gab ihm seinen unbeschreiblichen Reiz. Von weit her kamen Besucher: Bauern, Torfbauern und Städter, – sogar die Bewohner des benachbarten Großherzogtums fanden sich, erbliche Missgunst für eine Weile überwindend, in Scharen ein. Aber im eigentlichen blieb der Freimarkt doch das Fest der Stadt.

Das zehntägige Gedudel und der sonstige Lärm mögen für unbeteiligte Anwohner von Markt, Domshof und Liebfrauenkirchhof, den eigentlichen Stätten des Freimarkts, nicht eben angenehm gewesen sein, und immer mehr erwies er sich wohl auch als ein Hindernis für den Verkehr der wachsenden Stadt. Als aber [...] Senat und Bürgerschaft beschlossen, den Freimarkt in die Neustadt, auf den Grünen Kamp, zu verlegen, ging ihm beim Überschreiten des Stromes der beste Teil des alten Zaubers verloren.«

Das neue Areal auf dem Grünen Kamp wurde vom Publikum sofort gut angenommen, bot es doch eine Fülle attraktiver Schaustellungen. Neben den 1879 aufgekommenen »Russischen Schaukeln«, den Vorläufern der heutigen Riesenräder, zogen um die Jahrhundertwende sowohl »Haberjahn's Reit-Institut« als auch »Mehlich's Specialitäten Theater« die Besucher an. Bis dahin hatte sich das Repertoire von Fahrgeschäften kaum verändert. Es beschränkte sich auf die vier Grundarten Karussell, Schaukel, Russische Schaukel und Rutschbahn. Auf den beiden neuen Plätzen in der Neustadt warteten fortan all die technisch gestützten, so schwung- wie glanzvollen Neuheiten auf Wagemutige, deren Entwicklung damals vom »Karussellkönig« Hugo Haase (1857–1933) entscheidend vorangetrieben wurde.

Der Freimarkt (1925) in der heutigen Langemarckstraße, einst Große Allee

Für eine Art kleine Völkerwanderung sorgte im September 1910 der Aufbau der ersten hölzernen »Figur-8-Bahn« in der Neustadt, deren großes Balkengewirr von mehr als dreißig Arbeitern unter den neugierigen Blicken vieler Menschen in Form und Stabilität gebracht wurde. Es war die erste transportable Holzachterbahn überhaupt; Hugo Haase hatte sie 1909 dem Entwickler Max Stehbeck abgekauft und dann (mehrfach) nachgebaut. Die viersitzigen Chaisen, die durch eine Kette in den Turm gezogen wurden, legten bei der noch gemächlichen Fahrt dreimal eine regelmäßige Acht über Berg und Tal zurück. Steile Abfahrten gab es – noch – nicht. Dennoch, so vermerkt Fritz Peters, stand ein nicht geringer Teil der Freimarktsbesucher »dieser Vergnügungseinrichtung anfangs skeptisch gegenüber: er glaubte, daß eine Fahrt auf ihr zu riskant und unter Umständen mit dem Leben zu bezahlen sei. Als aber der Kreis der Wagemutigen immer größer und von ihnen eine Rundreise auf der Achtbahn über alle Maßen gelobt wurde,

da setzte sich das Haasesche Unternehmen durch. Der starke Zustrom ermöglichte es daher, daß bald der Fahrpreis für Erwachsene von 80 auf 60 und für Kinder von 40 auf 30 Pfennig herabgesetzt werden konnte.«

Der Erfolg der Achterbahn, die seitdem vom Freimarkt nicht hinwegzudenken ist, reizte andere Unternehmer zur kostenträchtigen Nachahmung. 1913 lockte am Hohentorsplatz das hohe Gerüst einer zweiten Figur-8-Bahn die Kundschaft. Sie hatte als erste eine werbende Leuchtschrift, die einen weiteren damals zum Begriff gewordenen Namenszug bildete: Lambertz. Viel Aufsehen erregte auch Heinrich Langes »Bremer Hoch- und Untergrundbahn«, die den doppelten Platz einer Achterbahn benötigte und als »das größte electrische Caroussel der Welt« angepriesen wurde. Da sich das Unternehmen wegen der hohen Reisekosten nicht rentierte, kam es nach 1913 nicht wieder.

1919 erfolgte eine komplette Verlegung des Freimarktes in die Neustadt, als der erste Nachkriegsfreimarkt gefeiert werden konnte. Während der Weimarer Republik (1919–33) bauten die Schausteller ihre Stände und Fahrgeschäfte auf dem Grünen Kamp und am Hohen Tor auf. Übrigens nun ohne Attraktionen wie etwa der »Rutschfahrt nach Kamerun« oder einer Fahrt im »Unterseeboot-Caroussel«. Der Genuss von Anna Ahrens' »Marokko-Nüssen« verbot sich nicht nur aus politischer Korrektheit – die nach den bitteren Steckrübenwintern nach wie vor schwierige Versorgungslage hielt das Angebot von Leckereien in äußerst engen Grenzen.

Gleichzeitig fanden – wie vor dem Krieg – in vielen Veranstaltungsräumen der Altstadt und nicht zuletzt im Ratskeller Freimarktsfeiern statt. Auch der in die Neustadt umgezogene »klassische« Verkaufsmarkt fand noch viel Aufmerksamkeit. Das Angebot der Verkaufsbuden (1920 waren es rund 250) bestand nun allerdings überwiegend aus Geschirr.

Diese Grußkarte zeigt einige der Attraktionen des Freimarkts von 1897. Umfangreiche Details im Freimarktsbuch

Als sich die wirtschaftlichen Zeiten langsam wieder besserten, wurde nach längeren Vorplanungen der Freimarkt aus der Neustadt abgezogen und in günstiger Nähe des Hauptbahnhofs konzentriert. Von 1934 an fand er (und findet immer noch) auf der Bürgerweide statt. Die bessere Anbindung an die Versorgungsnetze ermöglichte es den Schaustellern, ihre Stände und Fahrgeschäfte dort mit einer unzähligen Menge von Glühlampen ins jahrmarktliche Licht zu setzen, was den optischen Reiz des Geschehens erhöhte. Zudem sorgten immer mehr Blitz-, Schnell-, Weltraum- und Raketenbahnen für steigende Besucherzahlen – 1934 lautete jedenfalls das Fazit: »Fast jeden Tag herrschte Massenandrang.«

Frei erzählt nach: Johann-Günther König: ***Der Bremer Freimarkt – Die Schausteller und ihr Publikum***
128 Seiten, 17 x 24 cm, Hardcover, 140 farbige Abbildungen,
ISBN 978-3-939928-44-7, 9,90 Euro

... weiter in der Alten Neustadt:

Die Straßen in der Alten Neustadt sind nach Himmelsrichtungen (Oster-, Wester- und Süderstraße), ihrer Lage (Am Neuen Markt, Am Deich, Neustadtswall) sowie nach Vornamen (Große und Kleine Johannisstraße, Große und Kleine Annen-Straße) benannt. Für die Große Sortilienstraße stand das französische »la sortie« Pate, der Ausgang, da es im ehemaligen Neustadtwall zwei Ausgangspforten an dieser Stelle gegeben haben soll.

Da die Alte Neustadt den Ursprung der Neustadt darstellt, ist es wenig verwunderlich, dass sich einige der bedeutendsten Verkehrswege und Brücken auf dem Areal befinden. So liegen auch zwei von drei Weserbrücken, die Bürgermeister-Smidt-Brücke und die Wilhelm-Kaisen-Brücke, auf dem Gebiet. Die Bürgermeister-Smidt-Brücke ist die Nachfolgerin der 1875 eröffneten Kaiserbrücke. Die Kaiserbrücke wurde Ende des Zweiten Weltkrieges gesprengt. An dieser Stelle errichtete man einen Neubau. Die neue Weserbrücke wurde nach Johann Smidt benannt, einem bremischen Bürgermeister, der zwischen 1773 und 1857 lebte, und der unter anderem die Gründung Bremerhavens (1825), die Beibehaltung der bremischen Selbstständigkeit und die Aufhebung des Elsflether Weserzolls realisierte.

Der damalige Bürgermeister Wilhelm Kaisen eröffnete die Brücke 1952 feierlich, auf dem Grünenkamp gab es ein großes Brückenfest. Den Grünenkamp gibt es heute nicht mehr. Es handelte sich um eine große Freifläche inmitten der Neustadt zwischen Westerstraße und Grünenstraße und gehört nun zum heutigen Beck's-Gelände. Er war ursprünglich von Johan van Valckenburgh als Marktplatz der Neustadt vorgesehen.

Die Stolpersteine

Wer beim Spazieren gelegentlich auf den Boden schaut, entdeckt zum Beispiel an der Großen Sortillienstraße einen golden glänzenden Stein. Von den so genannten Stolpersteinen gibt es europaweit inzwischen insgesamt rund 70.000 Stück. Sie erinnern an Menschen, die in der Zeit des Nationalsozialismus verfolgt, deportiert, vertrieben, ermordet oder in den Suizid getrieben wurden.

Die NSDAP hatte in Bremen insgesamt weniger Zulauf als im übrigen Reich, dennoch wuchs auch hier vor und während des Zweiten Weltkrieges der Antisemitismus und der öffentlich zur Schau getragene Judenhass.

Während der Reichspogromnacht vom 9. auf den 10. November 1938 wurden nicht nur die Scheiben von jüdischen Geschäften eingeschlagen und Synagogen angezündet. Im Bremer Raum kam es in dieser Nacht zu insgesamt fünf Morden, von denen zwei in der Bremer Neustadt geschahen. Dem Metallwarenhändler Heinrich Rosenblum aus der Thedinghauser Straße wurde kaltblütig in den Kopf geschossen, als er nach seinem geforderten Ausweis suchte, auch die Fahrradhändlerin Selma Zwienicki aus der Alten Neustadt wurde brutal ermordet.

Bezeichnend für die Justiz ist, dass die Täter dieser Nacht freigesprochen wurden, da sie, so steht es in der Urteilsbegründung, innerlich in der Überzeugung ihrer Partei und ihrem Führer einen Dienst erwiesen zu haben, gehandelt hätten und man sie dafür nicht bestrafen könne. Die Bestrafungen erfolgten erst nach dem Krieg, mit eindeutigen Schuldsprüchen und langjährigen Zuchthausstrafen.

Mittlerweile gibt es insgesamt 67 Stolpersteine in der Neustadt, die an die schreckliche Herrschaft der NS-Zeit und ihre Opfer erinnern. In der Thedinghauser Straße 46 wird zum Beispiel der Familie Rosenblum gedacht. Und in der Hohentorstraße, Ecke zur Großen Sortillienstraße an Selma Zwienicki.

Der Name Grünenkamp stammt von seiner zwischenzeitlichen Nutzung als Viehweide und Heulager. Aber auch Märkte haben hier stattgefunden. Zu der Zeit, als der Freimarkt in der Neustadt stattfand, wurden dort und auf dem Hohentorsplatz Buden und Fahrgeschäfte aufgestellt.

Die St.-Pauli-Brücke führte über die Kleine Weser in die Neustadt

Sich vergnügen kann man in der Alten Neustadt übrigens auch ohne den Freimarkt ganz hervorragend: mein Liebstes ist die **Bar Carlitos** an der Westerstraße. Hier ist es entspannt, gemütlich und einfach schön. Regelmäßig finden auch Konzerte spanischer Musiker statt. Stärkung gibt es in verschiedenen Imbissbuden und im immer gut besuchten Burger-Laden **Gatsby**. In der Kleinen-Annen-Straße lockt der gemütliche **Auszeit – Rock'n'Roll Couchclub** und, wenn das Leben dir Zitronen gibt, in der Rückertstraße die **Tequila-Bar** (beides Raucherkneipen).

Das Drittel in der Neustadt

Am Neuen Markt kann man im **Bistro** und in der **Drittel Bar** sehr schön draußen sitzen. In der Nähe ist die **Gaststätte Falstaff** des Theaters zu finden.

Für gutes Essen sind außerdem das Restaurant **Am Deich** 68 (unweit der Fußgängerbrücke am Stau Kleine Weser) und das **Tau** am Kopf der Weserburg zu empfehlen. An der Langemarckstraße gibt es wie bereits erwähnt auch einige Imbisse und Restaurants.

Der Neue Markt hat sich statt des ursprünglich vorgesehenen Grünenkamps als Marktplatz der Neustadt entwickelt. Für den zunächst namenlosen länglichen Platz südlich der Brautstraße bürgerte sich Anfang des 19. Jahrhunderts der Name Neuer Markt ein. Es wurden Vieh- und Wochenmärkte abgehalten und seit 1965 ist der Rolandbrunnen dort zu finden, auch Kleiner Roland genannt, der im Jahr 1737 angefertigt wurde. Zu jener Zeit verwehrte die Altstadt den Bewohnern

der Neustadt ihre vollwertigen Bürgerrechte. Aus diesem Grund fertigte der Bildhauer Theophilius Wilhelm Frese im Auftrag der 1. Neustädter Bürgerkompanie den Kleinen Roland an. Das Werk sollte den Wunsch nach Gleichberechtigung ausdrücken. Der große Roland steht schließlich schon seit 1404 auf der Altstadt-Seite auf dem Marktplatz und ist unser Bremer Symbol für bürgerliche Rechte und Freiheiten.

Mit einem kleinen Roland machten die Neustädter damals selbstbewusst klar: Ja, ihr habt den großen Roland, aber über Freiheiten und Bürgerrechte wollen wir hier auch verfügen! Von seinem ersten Wirkungsort an der Osterstraße unweit der damaligen St.-Pauli-Kirche wurde er 1899 an das Nordende des Neuen Marktes versetzt. Seit 1965 steht er an der Südseite dieses Marktplatzes und gab sogar einer in der Nähe liegenden Straße seinen Namen. Bis der Ruf des kleinen Rolands und der Neustädter erhört wurde, sollten noch über 100 Jahre vergehen … Denn tatsächlich haben die Neustädter erst seit 1848/49 die gleichen Rechte wie die Bremer auf der anderen Weserseite. Also gerade mal seit 175 Jahren.

Die Gleichstellung wurde das erste Mal schon am 10. Dezember 1810 von den Franzosen beschlossen, als sie Bremen unter der Herrschaft von Napoleon ins Französische Kaiserreich integrierten. Im März 1813 wurde auch die Neustadt besetzt und die alten Befestigungsanlagen so gut es ging in Verteidigungsstand gesetzt. Der Abzug der Franzosen erfolgte am 26. Oktober 1813, die Gleichstellung von Alt- und Neustadt blieb – zumindest in Teilen. Seit 1813 durften die Neustädter am Bürgerkonvent teilnehmen. Ab 1820 kostete das Neustädter Bürgerrecht genauso viel wie das Altstadtbürgerrecht, am 22. November 1822 wurde die rechtliche Gleichheit beschlossen. Dennoch erhielten Neu- und Altstadtbewohner nicht auf einen Schlag gleiche Chancen. Im großen Bremen-Lexikon von

Der Kleine Roland auf dem Neuen Markt

Herbert Schwarzwälder werden die Jahreszahlen 1848/49 für die Gleichberechtigung von Alt- und Neustadtbürgern genannt.

Gegenüber des Neuen Marktes an der Großen Krankenstraße (hier gab es mal ein Krankenhaus) befindet sich heute ein Neubau der St.-Pauli-Kirche, die bis zu ihrer Zerstörung im Zweiten Weltkrieg am St.-Pauli-Deich stand, dort, wo sich heute das St.-Pauli-Stift sowie der KellnerVerlag befinden. Die St.-Pauli-Gemeinde siedelte sich ab 1635 in der Neustadt an. Zunächst trafen sich die Gemeindemitglieder zur, wie es hieß, Seelenermunterung in einem einfachen Haus. Sie wurde 1640 mit einer Kirchspielschule und ab 1648 mit einem Schulhaus ergänzt. Mit dem Bau der St.-Pauli-Kirche (von 1679 bis 1682) an der Osterstraße schritt die Entwicklung der Neustadt Ende des 17. Jahrhunderts weiter voran. Heutzutage gibt es insgesamt fünf evangelische Kirchengemeinden (Hohentorsgemeinde, St. Pauli, Zion, St. Claudius und St. Jakobi-Gemeinde) in der Neustadt. Hinzu kommen die katholische Kirchengemeinde Herz Jesu, eine neuapostolische Gemeinde sowie drei Moscheen.

Die zweite wichtige Verbindung zwischen Neustadt und Altstadt war und ist die Große Weserbrücke, die seit 1980 den Namen Wilhelm-Kaisen-Brücke trägt. Die Vorgänge-

rinnen der Wilhelm-Kaisen-Brücke wurden stets als Große Weserbrücke bezeichnet, nicht etwa, weil sie groß waren, sondern weil sie über die große Weser führten. Die Wilhelm-Kaisen-Brücke wurde 1960 erbaut und war die erste Weserbrücke, die sowohl über die große als auch über die kleine Weser führte.

Bis dahin war die Kleine Weserbrücke (auch Brautbrücke genannt), also die Brücke, die über die kleine Weser führte, immer ein Stück versetzt. So wurde gewährleistet, dass man die Bastionen auf der Herrlichkeit auf dem Werder passieren musste, was wir heute als Teerhof kennen.

Teerhof und Stadtwerder

Der Teerhof ist eine schmale Landzunge in der Weser, die die kleine und große Weser trennt und sich zwischen der Bürgermeister-Smidt-Brücke und der Wilhelm-Kaisen-Brücke befindet. Viele wissen es vielleicht nicht, aber der Teerhof gehört zum Ortsteil Alte Neustadt. Es wurde wohl aus zwei Gründen Teer gelagert: Zum einen gab es die Bestimmung, dass man dieses feuergefährliche Material außerhalb der Stadt aufbewahren musste, und zum anderen wurde auf der kleinen Halbinsel Schiffbau betrieben, für den der Teer genutzt wurde.

Fast an der Spitze des Teerhofs befindet sich das **Neue Museum Weserburg für moderne Kunst** und die **GAK – Gesellschaft für Aktuelle Kunst**. Die Weserburg ist als einziges Zeugnis der ehemaligen Bebauung des Teerhofs nach fast völliger Zerstörung im Zweiten Weltkrieg in neuer Form wieder errichtet worden. Östlich daran anschließend wurde das Gebiet in den 1990er-Jahren mit roten Backsteinwohn- und Bürohäusern bebaut sowie durch eine zusätzliche Fußgängerbrücke mit der Altstadt verbunden. Diese Weserbrücke (ohne Namen) nutzen besonders jene, die zwischen Friedrich-Ebert-Straße und

Langemarckstraße wohnen, gerne als Fuß- und Radpassage in die City.

Der **Stadtwerder** gehört verwaltungsmäßig ebenfalls zur Neustadt. Dieses Gebiet kennen die Bremer unter dem Namen »Werderinsel«, das bedeutet Flussinsel und bezieht sich damit auf eine »richtige« Insel mitten in der Stadt. Der Werder erstreckt sich in der Neustadt auf ungefähr sechs Kilometer Länge von der Teerhofspitze, wo Weser und Kleine Weser zusammenfließen, bis zum weiter östlich gelegenen Werdersee bei Habenhausen. Die Zufahrt erfolgt zumeist über die Werderstraße, beginnend zwischen den beiden Brücken der Wilhelm-Kaisen-Brücke, sowie über die Fuß- und Radbrücke beim Deichschart, nahe dem Kirchweg vom Buntentorsteinweg abgehend. Beim **Café Sand** stellt die Sielwallfähre eine Verbindung zum Ostertor- und Steintorviertel her.

Das Gebiet des Stadtwerders wurde seit alters her als Weideland genutzt, weswegen das Gebiet auch **Kuhwerder** genannt wurde. Der östliche Teil des Stadtwerders gehörte ursprünglich zu Habenhausen, der westliche unterstand dem Bremer Rat. Der Teerhof am westlichen Ende war bis 1739 durch den Festungs- und Pulverturm **Braut** und Gräben vom übrigen Stadtwerder getrennt und diente als Werftgelände. Auf dem Werder haben sich seit dem 16. Jahrhundert

Das Café Sand

Rechts: Das Gästehaus der Universität auf dem Teerhof

kleine Häuschen zum Wohnen und als Werkstatt befunden. Die weiten Wiesen wurden zum Bleichen von Leinen verwendet. Bis ins 19. Jahrhundert entstanden Wohngebiete und weitere Betriebe mit Pack- und Lagerhäusern. 1872 wurde das Gebiet des Stadtwerders in Bremen eingemeindet.

Im Krieg wurde dort bis 1945 ein Großteil der Häuser zerstört und man nutzte die Gelegenheit, in zentraler Lage einige öffentliche Einrichtungen anzusiedeln. Östlich der Wilhelm-Kaisen-Brücke befinden sich das **Wasserstraßen- und Schifffahrtsamt Weser-Jade-Nordsee**, die Verwaltung der **Bremischen Evangelischen Kirche**, die Rettungszentrale der **DGzRS** (Deutsche Gesellschaft zur Rettung Schiffbrüchiger) und die Fachbereiche Nautik und Internationale Wirtschaft der **Hochschule Bremen**.

Gleichfalls in der Werderstraße 73 ist das **Olbers-Planetarium** ansässig, Deutschlands meistbesuchtes Kleinplanetarium. Dort wird der Nachthimmel projiziert, zeigt also nicht das reale Sternenbild. In Erzählungen und wissenschaftlichen Vorträgen können Besucher allerhand über die Astrologie und unbekannte Sternenspektakel erfahren.

Packhäuser und Wohnhäuser auf dem Teerhof, um 1920

Zum Ende des 20. Jahrhunderts wurde auf dem Werder von den Stadtwerken bis 2008 das Wasserwerk betrieben.

Das markanteste Bauwerk in diesem Bereich ist der 1871–73 im historistischen Stil errichtete Wasserturm, umgangssprachlich aufgrund seiner besonderen Form als »**Umgedrehte Kommode**« bezeichnet. Der Koloss schlummert ungenutzt vor sich hin, obgleich es bereits verschiedene Ideen für Gastronomie und Kulturprojekte von der Hochschule gab. Neben dem Wasserturm wurden seit 2010 unterschiedliche Wohnhäuser errichtet. Insgesamt eine ruhige, wahrlich zentrale Wohngegend.

Der mittlere Teil, der bis zu einem Kilometer breit ist, besteht hauptsächlich aus vielen Kleingärten, drei Rudersportanlagen und im Sommer dem **Beach Club White Pearl**. Auch zum Speisen lohnt sich ein Besuch: im italienischen **Bellavista** (der schöne Ausblick) im Pumpenhaus oder daneben im **Steakhouse an der Weser**. Außerdem sind dort Segel- und Motorbootvereine, der traditionelle Schwimmverein, das LiLuBa/Lichtluftbad, daneben der

Der Bremer Ruder-Club Hansa neben dem BRV von 1882

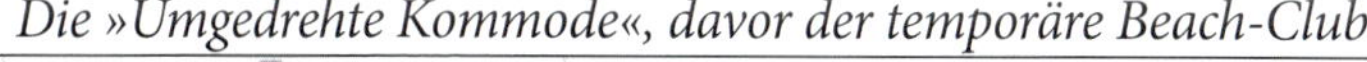

Die »Umgedrehte Kommode«, davor der temporäre Beach-Club

Kinder-Abenteuerspielplatz und eine Liegewiese mit Badestrand am beliebten **Café Sand**.

Weiter östlich befindet sich das Naturschutzgebiet »Neue Weser«. Auf dem gesamten Stadtwerder gibt es Radwege, die in einem guten Zustand und auch für Skater geeignet sind.

Am Kuhhirtenweg steht das Ausflugslokal und Restaurant **Zum Kuhhirten** und das **Hotel zum Kuhhirten**. Das Gebäude Kuhhirte wurde erstmals 1662 erwähnt. Die Kuhhirten wurden einst vom Bremer Senat bestimmt. 1867 konnten das seitdem erhaltene und oft sanierte Wohnhaus und der Turm erbaut werden. In dem *Local für den Milchverkauf* wurde damals, jedoch ohne Genehmigung, auch Bier und Branntwein ausgeschenkt.

Im Kuhhirten wurde 1899 der SV Werder Bremen vom Sohn des damaligen Kuhhirten zusammen mit einigen Freunden gegründet. 1930 entstand im Kuhstall der Tanzsaal. Die Altentagesstätte *Heuboden* und die Kegelbahn

Gepflegte Gastlichkeit für viele Anlässe: Zum Kuhhirten

wurden 1964 in Betrieb genommen. Nach dem Leerstand um 1993/95 wurde das Anwesen saniert und ist seitdem wieder ein beliebtes Restaurant mit großem Biergarten.

Gegenüber dem **Kuhhirten** befindet sich ein schattiger PKW-Parkplatz sowie ein großer **Campingplatz** für Reisemobile, der intensiv genutzt wird, weil er sehr citynah liegt.

Entlang der Kleinen Weser gehend auf dem Weg zurück ins urbane Zentrum der Alten Neustadt sehen wir auf der anderen Uferseite den St.-Pauli-Deich. Zwischen Piepe und Kleiner Weser befindet sich das **Rote Kreuz Krankenhaus**, eines von zwei Krankenhäusern in der Neustadt. Es wurde 1873 als Verein zur Ausbildung von Krankenschwestern gegründet und durch Sponsoren der Bremer Oberschicht finanziert. 1876 fand man für das Krankenhaus Räume in der Osterstraße. Heute ist das Krankenhaus eine gemeinnützige GmbH und mit etlichen Erweiterungsbauten und Spezialstationen ein modernes Großkrankenhaus.

Ebenso hat sich dort der **KellnerVerlag** angesiedelt, von dem auch ein Nachhilfe-Studio für Schüler betrieben wird.

Das Rote Kreuz Krankenhaus, rechts das Alten-und Pflegehaus der Bremischen Schwesternschaft vom Roten Kreuz

Bremer Stadtplan von 1958 Beachtenswert sind die vielen

damals noch unbebauten Grundstücke

Die Neustadt mausert sich, aus ganz verschiedenen Gründen, zu einem ziemlich angesagten Stadtteil für Studierende, junge Familien und viele, viele andere, die hier schon immer gern gewohnt haben oder gern wohnen wollten. Ich sage und schreibe das, weil ich schon seit fast 15 Jahren in der schönen Neustadt zuhause bin und den kleinen Wandel sozusagen am eigenen Leib erfahren konnte. Nicht, dass die linke, »falsche« Weserseite früher eine No-Go-Area gewesen ist, aber man merkt schon, dass sich in den letzten Jahren vermehrt kleine Cafés und Betriebe hier angesiedelt haben, das kulturelle Leben ein bisschen bunter wird und man zum Flanieren nun gar nicht mehr an die Schlachte oder ins Viertel radeln muss.

»Falsche« Weserseite hört man nun weniger, aber einige wenige Unverbesserliche haben sich das immer noch nicht abgewöhnt. Wer sich im Übrigen fragt, wieso die neustädtischen Stadtteile als Links der Weser bezeichnet werden (ich habe mich das jedenfalls gefragt): Blickt man von oben auf Bremen und zieht man in Betracht, dass die Weser vom Süden nach Norden in die Nordsee fließt, liegt die Altstadt eben rechts und die Neustadt links der Weser. So einfach, so gut.

Was also geht hier ab, auf der linken Flussseite, und wie können auch die allerletzten kritischen Miesepeter vom Flair und der lebendigen Atmosphäre hier begeistert werden? Pst, mir ist zu Ohren gekommen, dass sich die stadtplanerische Prominenz des Viertels sogar für ihre Meetings schon mal in der Neustadt getroffen haben soll. Na, wenn das kein Beweis für den Trendfaktor unseres Lieblingsstadtteils ist.

Es gibt viele verschiedene Initiativen, Netzwerke und Akteure, die sich für den Stadtteil ganz besonders hervorgetan haben und es immer noch tun. Da wären zum Beispiel, abseits vom Ortsamt Neustadt/Woltmershausen und Stadtteilmanagement, die Betreiber des Gastfelds, der ältesten Kneipe in der Neustadt, aber auch von anderen beständigen Kneipen wie Gondi und Mono, die Begründer des Papp, vom Kulturkombinat Kukoon am Buntentorsteinweg und alle, die sich bei »Ab geht die Lucie« und in der KlimaWerkStadt an der Westerstraße engagieren. Bereits 2011 hatte das Kulturlokal Gastfeld mit einem umfangreichen Programm begonnen, das aus internationalen Indiepop-Konzerten, einer Lesebühne mit Poetry Slam, Fotoausstellungen, Improtheater, Literaturlesungen und Quiz-Abenden bestand.

Die Alte Schnapsfabrik gilt als moderner Treffpunkt und Arbeitsstätte von Bremens Kreativszene. Im größten Kreativzentrum Bremens arbeiten mittlerweile rund 20 Unternehmen und 200 Mitarbeiter aus verschiedenen Bereichen, zum Beispiel Agenturen, Filmemacher, Kreativwerkstätten, und und und. Man trifft und hilft sich, organisiert Events, schafft Synergieeffekte und arbeitet bei Bedarf, ganz klar, auch mal nur für sich allein.

Die Alte Schnapsfabrik am Deich

Aber von Anfang an. Es war einmal ein Geschäftsführer einer Eventagentur, der es schlicht schade fand, sich nur abends nach Feierabend mit gleichgesinnten Kumpels treffen und austauschen zu können. Viel toller wäre es doch, auch tagsüber kreative Kontakte im Büro nebenan zu wissen und ein Netzwerk zu schaffen. Und so nahm die Erfolgsstory der Alten Schnapsfabrik ihren Lauf. Der findige Geschäftsführer aus dem Märchen leitet die Eventagentur JOKMOK event & promotion GmbH, und die »Schnapsidee« für das Kreativzentrum kam ihm bei einem Feierabendbierchen mit Freunden. Realisiert wurde der Gedanke dann im alten Gebäude einer Schnapsfabrik in der Neustadt, das gerade leer stand.

Hier wurde bis wenige Jahre zuvor Bremens berühmter »Alter Senator« gebrannt. Der milde Weizenkorn war, jedenfalls dem Hörensagen nach, einer der Verkaufsschlager der Hansestadt. Unvergessen ist der eingängige, und aus heutiger Sicht doch ziemlich belustigende, damalige Werbe-Jingle: »Montag, Dienstag, Mittwoch, Donnerstag, Freitag, Samstag, Sonntag – ›Alter Senator‹, der schmeckt jeden Tag.« Nun denn.

Nun eine kurze Rückblende zu dem Gebäude, das heute als »Alte Schnapsfabrik« und Kreativ-Kollektiv Bremen Geschichte schreibt: Der einstige Spirituosenhersteller Jacob Jürgensen ist im Jahr 2007 aus der Immobilie ausgezogen und hat die Produktion des Korns an die Drinks & Foods Vertriebs-GmbH abgegeben. Bevor sich Majo Ussat, Piet Blumentritt und Manuel Engels um die Flächen bemühten, war hier bis zur Pleite der Beluga-Reederei das Beluga College untergebracht.

Das private, zweisprachige Gymnasium wurde erst 2009 eröffnet. Besonderheiten waren zum Beispiel die Lehrzeiten in Trimestern, Urlaubsanspruch statt Ferien, Arbeitsplätze in Großraumbüros anstelle von Klassenräumen und die flexible Wahl von Prüfungsterminen. Zudem wurde

Der Klub Dialog in der alten Schnapsfabrik

Die Westerstraße um 1965 mit der Straßenbahnlinie 7

Wert auf sogenannte Soft Skills wie Selbstorganisation und Teamarbeit gelegt, die in den Unterricht integriert wurden. Das Gymnasium hatte eine kaufmännische und naturwissenschaftlich-technische Ausrichtung und stand nicht, wie man meinen könnte, nur wohlhabenden Familien zur Verfügung, sondern die Verantwortlichen haben sich eine Regelung einfallen lassen, wie sie die Schule für alle Interessierten öffnen konnten. So wurde das zu zahlende Schulgeld individuell nach Einkommen und Anzahl der Familienmitglieder festgesetzt. Liest sich insgesamt sehr interessant und innovativ. Leider überstand das College den Untergang der Reederei nicht, weil nicht ausreichend neue Investoren für den Unterhalt der Schule gefunden werden konnten.

Glück für die Initiatoren des kreativen Netzwerks, das heute die Alte Schnapsfabrik ist. Auf einer Fläche von insgesamt 3.200 Quadratmetern zogen damals als erste Unternehmen die Event- und Promotionagentur JOKMOK von Majo Ussat, die Projektionskünstler URBANSCREEN mit Manuel Engels und die Selling Spot Studios für Hörfunk- und Tonproduktionen von Piet Blumentritt sowie die PR-Agentur Denkbar und die Filmemacher Deichblick ein. Die Begründer träumten davon, dass sich die Unternehmen im Haus nicht nur das Gebäude teilten, sondern auch voneinander profitierten. Und genau das ist wahr geworden.

Neben der Vielzahl an Verbänden, Firmen und Mitarbeitern sowie Freiberuflern gab es mit der Gründung des Cafés Karton auch eine hauseigene Kantine, die sich nach Feierabend flugs in eine gemütliche Stammtisch-Location verwandelte. Das Karton ist mittlerweile eine Stätte des Klubs Dialog und bietet Events, Netzwerktreffen und vieles mehr für die Kreativ-, Kultur- und Medienbranche in Bremen.

Die Idee für das Café Karton entstand einst, weil die allseits beliebte Dete, ehemals das Möbelhaus Deters, als Kunst- und Kulturcafé nach geplantem, fast zweijährigen Betrieb schließen musste (und zum Zeitpunkt dieser Buchveröffentlichung weiterhin leer stand). Das rege Interesse an der Dete hat gezeigt, wie sehr eine solche Einrichtung links der Weser fehlte und mit der Schließung vermisst werden würde. Die sechs Betreiber durften die Immobilie von Oktober 2013 bis August 2014 zwischennutzen. Im Anschluss war und ist vom Investor geplant, dort ein Mehrfamilienhaus zu errichten. Übrigens kostenfrei, das muss man vielleicht auch mal wohlwollend anmerken.

Vor der geplanten Schließung gründete sich sogar eine Bürgerinitiative, die dafür kämpfte, dass die beliebte Location auch nach der geplanten Ablaufzeit erhalten bliebe. Die Dete war bis dato ziemlich einmalig in der Neustadt: nachmittags mit Kaffee und Kuchen auf Flohmarktmöbeln und Antik-Geschirr, abends mit Bierbuddel, Ausstellungen, Lesungen oder Musik.

Nach dem endgültigen Aus der Dete beschlossen zwei ihrer Mit-Initiatoren, Nico Hirschmann und Timo Schu-

Das Modernes ist die einzige Disco der Neustadt

macher, zunächst mit dem Schnapsfabrik-Kantine-Café Karton weiterzumachen, das neben Gastronomie auch Location für Lesungen, Theater, Workshops und Kleidertauschparties sowie Repaircafé war. Bald darauf eröffneten das **Papp** ein paar Schritte weiter an einer bis dato eher unansehnlichen Ecke der Neustadt sowie das **Kukoon** am Buntentorsteinweg. An allen drei Orten sind Dete-Initiatoren beteiligt. Das ist sicher auch eine der Besonderheiten in der Neustädter Kneipen- und Kulturszene, so kommt es mir zumindest vor: Oftmals sind die Betreiber gut miteinander vernetzt und haben sogar hier und da schon mal gemeinsame Projekte gestartet.

Über die Wesergrenze hinaus bekannt geworden ist die oben genannte Ecke an der Wilhelm-Kaisen-Brücke unter anderem für den winterlichen Markt **Lichter der Neustadt**, der erstmalig im Jahr 2015 stattfand und seither jährlich wiederholt wird, zuletzt auf der Fläche zwischen Südbad und der bremer shakespeare company. Mit Lesungen, Live-Musik, Bretterbuden und Handgemachtem unterscheidet er sich wohltuend von den typischen Märkten rund um Weihnachten. Leckeren Glühwein gibt es aber natürlich trotzdem. Das Papp hat sich als Café, Bar und Veranstaltungsort für Konzerte und Flohmärkte an der Ecke etabliert.

Hinzugesellt hat sich das Papp-Café, das schließt, wenn die Bar öffnet. Hier, an der einstigen, ollen Ecke, die man früher meist nur passiert, an der man sich aber nie länger aufgehalten hat, ist ein prima Fleckchen entstanden. Hier lässt es sich wunderbar in der Sonne sitzen und auf die belebte Kreuzung schauen. Wenn es spät abends oder vor und nach dem Sommer zu kalt wird, gibt es drinnen auch ein paar Plätzchen zum Verweilen.

Ebenfalls in die kulturelle Neustadtrunde gehört das **Kulturzentrum Kukoon** (Kulturkombinat offene Neustadt). Einzigartig ist es deshalb, weil es gemeinnützig handelt und nicht nur nach Deckelung aller Kosten auch den erzielten Überschuss zurück in die Gemeinnützigkeit fließen lässt und damit wieder eigene Veranstaltungen finanziert, sondern zum Beispiel mit verschiedenen Ideen Menschen einfach unterstützt, die grade nicht so einen prallen Geldbeutel haben. So können per »Huckepack« Speisen, Getränke oder Eintrittskarten für die im Kukoon stattfindenden Events bezahlt und einer Person spendiert werden. Ohne Nachfragen, Rechtfertigung oder kritisches Beobachten hängen die Bons dafür an einem dafür vorgesehenen Brett und jeder darf sich dort bedienen. Die angebotenen und stets frisch zubereiteten Speisen sind übrigens immer vegetarisch, häufig auch vegan, und biologisch.

Das Ziel des Kukoon ist es, die Teilhabe an den Veranstaltungen, dem kulturellen und sozialen Leben und natürlich auch den Genuss der feinen Speisen im Kukoon für viele Menschen zu ermöglichen. Die meisten der Veranstaltungen kosten keinen Eintritt und können mit einer freiwilligen Spende unterstützt werden. Um solidarisch mitein-

ander zu leben, werden die Preise für Events und Essen in einer Spanne angeboten. Der mittlere Preis ist in etwa der Mindestpreis, um die entstehenden Unkosten tragen zu können. Wer aber einen höheren Preis zahlen kann, finanziert mit, dass auch Menschen mit geringeren monetären Mitteln dabei sein können.

Im Kukoon finden zum Beispiel Ausstellungen, Konzerte und Lesungen statt, aber auch Vorträge, Theater und ganz einfach gemütliche Happenings zum Zusammensein. Das Programm ist divers, abwechslungsreich und informativ. Man trifft sich zum Mittagessen, zu Kaffee und selbstgebackenem Kuchen und abends zum Kulturgenießen und entspanntem Austausch. Im Sommer schlägt das gemeinnützige Bistrocafé seine Zelte unter dem Namen »Kukoon im Park« übrigens im Neustadtspark am Leibnizplatz auf.

Organisiert und betrieben wird das Kukoon von einem Kollektiv, das aus 22 Personen besteht. Alle wichtigen Entscheidungen werden gemeinsam getroffen und umgesetzt. Früher, in den 70er- und 80er-Jahren, gab es mehrere solcher Gruppierungen, die als Kollektiv Kneipen und Locations für Veranstaltungen betrieben haben. Aber das ist eher selten

Das Gastfeld an seinem Eröffnungstag, dem 16. Oktober 1911

Das restaurierte Tresenregal im Gastfeld

geworden. Ungewöhnlich im Kukoon ist zudem auch, dass jeder dort den gleichen Lohn erhält. Egal ob in der Gastronomie, Buchhaltung, Programmplanung, Öffentlichkeitsarbeit, Raum- & Hauspflege oder bei den sonstigen administrativen Aufgaben der beiden Hauptorgane, Gesellschaft für Bunte Steine mbH und Verein für Bunte Kombinationen.

Papp, Papp-Café, Karton und Kukoon sind erst in den letzten paar Jahren erdacht und entwickelt worden. Über diese Jungspunde in der Neustädter Kneipen- und Kulturwelt kann das betagte **Gastfeld** nur lachen. Die allerälteste Kneipe der Neustadt ist nämlich schon über 110 Jahre alt und blickt auf einen ganzen Sack voller Erfahrungen und Jahre zurück. Das Haus, in dem sich das Gastfeld befindet, wurde von 1906 bis 1907 nach den Plänen eines gewissen Johann Diedrich Biermann errichtet. Seit 2012 steht das Jugendstil-Turmhaus mit Zierfachwerk unter Denkmalschutz.

Gleich 1911 wurde das Wirtshaus vom Hauseigentümer Wilhelm Siemering eröffnet. Noch heute gibt es hier verschiedene Einrichtungsgegenstände aus dem Gründungsjahr zu bestaunen. Zum Beispiel, und für eine Kneipe wohl am wichtigsten, das Tresenregal.

Straßenansicht Gastfeld

Das Tresenregal, das auf dem Foto vom Gründungstag des Gastfelds, dem 16. Oktober 1911, zu sehen ist, war Anfang der 1950er-Jahre kurzerhand in die feuchteste Ecke des Kellers verfrachtet worden, weil es dem damaligen Zeitgeschmack nicht mehr entsprach, und durfte nur überleben, weil es noch als Kellerregal dienen sollte. Als es 2011, sechzig Jahre später, dort wiedergefunden wurde, musste es mit finanzieller Hilfe des Landesamtes für Denkmalschutz aufwendig restauriert werden und konnte dann in altem Glanz seinen angestammten Platz hinter dem Tresen wieder einnehmen.

Während es lange Zeit Mittelpunkt des Neustädter Vereinslebens war, ist das Gastfeld heute als Kulturkneipe bekannt. Hier finden Konzerte noch unbekannter, internationaler Musiker in der Reihe »latest pop« statt, die sogar eine eigene Radiosendung bei Radio Weser hatte und deren Veranstaltungen meist restlos ausverkauft sind. Darüber hinaus werden grandiose Fotoausstellungen organisiert, mit denen die Fotokünstler nicht selten den Grundstein für internationale Karrieren legten. Die Gastfeld Gallery ist die einzige Galerie in Bremen, die ausschließlich Fotokunst zeigt. Infos dazu gibt es auf www.fotokunstgalerie.com

Das Gastfeld ist außerdem beliebt für Quiz-, Comedy- und Spiele-Abende, darunter auch Flixen-Turniere (Flixen = bremisch für mobiles Kickern mit Flutlicht), für Literaturveranstaltungen wie »Lesen für Bier«, Improtheater, Live-Karaoke, die Reihe »Science goes Pub(lic)«, in der in entspannter Ausgeh-Atmosphäre Wissenschaftsthemen vorgestellt werden und vieles mehr. Als wohl einzige Gaststätte in der Neustadt hat das Gastfeld übrigens acht Biersorten vom Fass und sehr viele, auch seltene, Flaschenbiere, zum Beispiel belgische Klosterbiere. Der Sommergarten ist sehr idyllisch um eine große Magnolie herum gelegen und an lauen Abenden ein echter Geheimtipp.

Der Name der Straße, Gastfeldstraße, und der Kneipe selbst stammen vom niederdeutschen Wort für Gerstenfeld. Hier wurde früher, vor der Bebauung der Gegend, die Gerste für die hiesigen Brauereien angepflanzt.

Ein weiteres wundervolles Beispiel für Neustädter Engagement und Gemeinschaft ist das Stadtgarten-Projekt **Ab geht die Lucie** auf dem Lucie-Flechtmann-Platz an der Westerstraße. Der Platz wurde nach der so genannten Fisch-Lucie benannt, einem echten Bremer Original. Johanna Lucie Henriette Flechtmann lebte vor über 100 Jahren und war dafür bekannt geworden, den Fischkuttern mit eigenem Boot entgegenzufahren, um ihnen rasch den frisch gefangenen Fisch abzukaufen und auf dem Markt oder gar ihrer Konkurrenz anzubieten. Ganz schön clever.

Ihren Stand hatte die Fisch-Lucie in der Nähe der Bremer Baumwollbörse. Sie soll schlagfertig gewesen sein. Verbal wie wortwörtlich – um sich durchzusetzen und um denjenigen zu bestrafen, der behauptete, ihr Fisch sei nicht frisch, griff sie schon mal zum Selbigen und zweckentfremdete ihn als Waffe zur Verteidigung. Sie war vermutlich die erste Frau Deutschlands, die einen Fußballverein sponserte, nämlich den FC Stern Bremen, der später mit dem Bremer TG und der Freien Turnerschaft Neustadt zur SG Neustadt wurde.

Der Lucie-Flechtmann-Platz an der Westerstraße

Nach dem Krieg spaltete sich die TG wieder ab und der Restverein nannte sich ab 1950 TuS Bremen-Neustadt. In den 70ern gesellte sich die Bremer TG wieder hinzu und gemeinsam fusionierten sie zur Bremer TS Neustadt. In der Vereinshistorie wird Lucie Flechtmann noch immer stolz erwähnt. Sie war Mitgründerin des Vereins und soll nach guten Spielen Bier und Brause ausgegeben haben. Manchmal verschenkte sie auch Fisch oder lud die Spieler und ihre Familien zum Essen zu sich nach Hause ein. Nicht nur auf dem Marktplatz, auch am Spielfeldrand war sie für ihre resolute Art berühmt und konnte den Spielern der gegnerischen Mannschaft schon mal gehörig Angst einjagen. Für ihr eigenes Team nutzte sie ihre stimmgewaltige Energie zum Anfeuern und Bejubeln. Der Sportverein schreibt auf seiner Internetseite: »Als erste weibliche Sportförderin Bremens, wahrscheinlich sogar Deutschlands, ist sie somit maßgeblich an der Geschichte der BTS Neustadt Fußballabteilung beteiligt.«

Das war ein kleiner Exkurs zur Fisch-Lucie und dazu, warum der Platz, um den es im Folgenden gehen soll, nach ihr benannt wurde. Der **Lucie-Flechtmann-Platz** ist ungefähr 10.800 Quadratmeter groß und wird von Westerstraße, Heinrich-Bierbaum-Straße und Grünenstraße begrenzt. Der

Platz wurde 2003 eingeweiht, nachdem die Stadt Bremen eine andere Freifläche, den Grünenkamp, verkauft hatte.

Die nächsten zehn Jahre, bis 2013, wurde der Platz kaum genutzt. Vielmehr war er eine öde, graue Betonfläche, die nicht wirklich zur Naherholung oder Freizeitgestaltung einlud. Aber dann kam die Initiative »Ab geht die Lucie«, die sich aus Nachbarn sowie Bewohnern und Angestellten des dortigen Seniorenwohnheims und der KiTa heraus gründete. Die Idee war, einen großen Gemeinschaftsgarten für alle zu gründen, die Lust hatten, zu gärtnern, etwas zu gestalten und sich auszutauschen. Dort finden neben dem gemeinsamen Urban Gardening eine Reihe von Projekten und Aktionen statt, wie Flohmärkte und Gartencafés, Konzerte und Vorträge.

Hinter Lucie steht der Verein KulturPflanzen e. V., der sich über Spenden und über eine aktive Mitgliedschaft freut. Aber auch Leute, die nur hin und wieder mal Lust haben, dabei zu sein, sind immer herzlich willkommen.

Gegenüber liegt das Hachez-Gelände, für das es derzeit eine Reihe von Nutzungsideen und Pläne gibt.

Das Gebäude der »Lucie«, schlicht, aber zweckmäßig

Das Stadtteilmanagement

Die Neustadt bietet aber natürlich nicht nur hippe Kulturcafés mit Lesungen, Konzerten und Co., sondern auch klassische Kultureinrichtungen und agile Akteure.

Allen voran ist das Neustadt-Stadtteilmanagement zu nennen. Hier laufen alle Fäden rund um Kultur, Gastro, Shopping und vielem mehr zusammen. Die Verantwortlichen stellen jährlich diverse Events auf die Beine – zum Beispiel das Musik- und Kulturfestival SummerSounds in den grünen hügeligen Neustadtswallanlagen; sowie das Laternelaufen Piepe Leuchten zum Herbstanfang mit musikalischem Rahmenprogramm, vielen Attraktionen für Kinder, Feuershow und Feuerwerk. Das gesamte Jahr finden viele kleine und große Veranstaltungen und Aktionen statt, an denen das Stadtteilmanagement mit viel Leidenschaft beteiligt ist.

Mit dem Trägerverein **WIR-Neustadt-Bremen e. V.** und Maßnahmen wie einer gemeinsamen Website und Social Media Accounts kümmern sich die Mitarbeiter außerdem darum, dass die Neustadt als Einheit wahrgenommen wird und Kräfte zentral gebündelt werden. Als Projektträger ist das Neustadt-Stadtteilmanagement seit 2005 Experte für die Neustadt und engagiert sich für eine integrierte Stadtteilentwicklung. Der Wortteil Management steht hier weniger für Aufsicht oder Führen, sondern laut Stadtteilmanagerin Astrid-Verena Dietze vielmehr für Moderieren, Koordinieren und Organisieren und beim Entwicklungsprozess der Neustadt dabei zu sein und diesen zu fördern.

»Die Vernetzung von umtriebigen, kreativen Menschen birgt großes Potenzial«, sagt Dietze über die Neustadt. »Wir gehen spannende Wege und es gibt immer wieder viel zu entdecken.« Das Neustadt-Stadtteilmanagement befasst sich mit Themen wie Digitalisierung, Urbanisierung, Nachhaltigkeit, Mobilität sowie Sicherheit, Gesundheit, Wissenskultur und Bildung.

Dabei hat es sich folgende Ziele gesetzt:

- Identität der Neustadt sichtbar machen und die Marke Neustadt stärken
- Veränderungspotenziale und Wandel vorausschauend erkennen und aktiv begleiten
- Lokale Ökonomie unterstützen
- Kultur initiieren und stärken
- Nähe zur Innenstadt und »Stadt in der Stadt« betonen
- Herausforderungen der Zukunft koordinieren, begleiten, fördern und eine Vision entwickeln
- Schwerpunktthemen der Zukunft begleiten und fördern

Der Trägerverein des Stadtteilmanagements, WIR-Neustadt-Bremen e. V., ist im Jahr 2005 aus dem Wirtschaftsinteressenring Neustadt hervorgegangen. Zweck des Vereins ist die Förderung des Stadtteils und insbesondere Erhalt und Förderung der kulturellen Vielfalt, Lebendigkeit und Lebensqualität.

Verwirklicht wird das Vorhaben durch Vernetzung von Interessengemeinschaften, Vereinen und allen anderen, die sich für ihr Quartier engagieren möchten. Die Verknüpfung und Diskussion vorhandener Ideen und Interessen wird in Gesprächen mit Kulturschaffenden und Unternehmen, aber auch Kirchen und Stadtteilpolitik gefördert.

Mitmachen kann jede und jeder, dem die Neustadt am Herzen liegt. Nicht nur Unternehmen oder Einzelhändler, auch einzelne Bewohner können sich mit ihren Ideen beteiligen und die Neustadt als Kultur-, Bildungs- und Wirtschaftsstandort weiter voranbringen.

Aus dem Neustadt-Stadtteilmanagement ist im Frühjahr 2015 auch das **Vis-à-Vis-Netzwerk** hervorgegangen, das für Künstler und Kreative in der Neustadt noch mehr

Das Stadtteilmanagement sitzt im Haus des SOS-Kinderdorfes Friedrich-Ebert-Straße Ecke Neustadtscontrescarpe, dort ist auch ein Café mit Mittagstisch

Möglichkeiten schafft, sich zu organisieren und zu vernetzen. Hier treffen sich verschiedene Akteure aus den Bereichen Kunst, Kultur, Wirtschaft, Wissenschaft, Soziales und Gesundheit, um sich produktiv auszutauschen.

Vis-à-vis ist dabei, ebenfalls wie der WIR-Neustadt-Bremen e. V., als eine Art Plattform zu betrachten, auf der gemeinsame Interessen erkannt und neue Formate und Unternehmungen entwickelt werden können, so dass neue Projekte und Kooperationen entstehen.

Wer Interesse hat, dort mitzuwirken und sich einzubringen, findet auf der Website des Netzwerks (unter www.neustadtbremen.de/visavis) weitere Informationen. Von Privatperson über Institutionen bis hin zu freien Künstlern ist jeder willkommen, der das Netzwerk ergänzen möchte.

Tanz, Theater, Kunst und Musik

Und nun kommen wir zu einzelnen Akteuren und Einrichtungen aus den Bereichen Tanz, Theater, Kunst und Musik, die sich in der Neustadt so tummeln. Fangen wir mit Theater an. Kulturelle Einrichtungen waren links der Weser lange Zeit nur spärlich gesät. Bis Johannes Wiegand und Eduard Ichon, heute bekannt als Gründer des Theater am Goetheplatz, im Jahr 1910 die Neustädter Tonhalle, bis dato ein Tanzlokal, kauften und zu einem Schauspielhaus umwandelten. Es wurden klassische und moderne Dramen aufgeführt. Später ist dort ein Kino, das Moderne Theater (heute Modernes), entstanden.

Bekannt war außerdem das Thalia Theater. Es handelte sich um eine Gastwirtschaft am Neustadtswall 24, die 1906 um ein Varieté erweitert wurde. Zuschauer kamen, um Volksstücke, Schwänke und Possen sowie hin und wieder auch ernste Stücke zu sehen. Das Theater wurde allerdings am 30. April 1939 geschlossen, heute ist dort nichts mehr von der Theaterstätte zu sehen.

Links der Weser befinden sich aber das Schnürschuh Theater, die bremer shakespeare company im Theater am Leibnizplatz, die HSB-Theaterwerkstatt der Hochschule Bremen, die Spiel- und Produktionsstätte Schwankhalle und das GuT-Theater. Außerdem die beiden Tourneetheater Theater Witt und compania t, die ihren Sitz im Hohentor haben und in Schulen, Theatern, Kulturzentren und auf Festivals gastieren. Im Sommer, während des Straßenkunstfestivals La Strada, wird die Neustadt selbst zur großen Spielstätte. Hier findet dann die La-Strada-Gala in den Räumen der bremer shakespeare company statt sowie vereinzelt auch Open-Air-Aufführungen. Bestimmt wird das aber in den nächsten Jahren noch weiter ausgebaut! Drücken wir die Daumen für noch mehr Theater in der Neustadt.

Und nun im Einzelnen. Lasst mich mit einem Superlativ beginnen:

Die bremer shakespeare company hat das größte Repertoire an Shakespeare-Stücken innerhalb Deutschlands! Sie wurde 1983/1984 als selbstverwaltetes Theaterkollektiv von sieben Schauspielerinnen und Schauspielern gegründet. Schwerpunkt, ganz klar, William Shakespeare. Es werden aber auch eigene Produktionen kreiert und aufgeführt. Die erste Spielstätte der shakespeare company befand sich in der Böttcherstraße. Rund fünf Jahre später zog das Ensemble in die Aula des damaligen Gymnasiums am Leibnizplatz, das heute die Oberschule am Leibnizplatz ist. Über 200 Veranstaltungen (inkl. Gastspiele) finden dort jährlich statt. Hinzu kommen »Shakespeare im Park«, Open-Air-Aufführungen im Bürgerpark sowie das Shakespeare-Festival Neuss.

Die Theaterkneipe Falstaff der bremer shakespeare company

Die bremer shakespeare company macht sich darüber hinaus vor allem einen Namen für neuartige Projekte und den engen Austausch mit dem Publikum. So übernehmen die Schauspieler selbst den Verkauf von Programmheften, begrüßen und verabschieden die Besucher und bieten öffentliche Proben vor den Premieren an. Ein preisgekröntes Projekt ist die Kooperation mit der Universität Bremen mit dem Titel »Aus den Akten auf die Bühne«. Hierbei entstehen szenische Lesungen zu Themen aus Bremens Vergangenheit – Ereignisse aus der Weimarer Republik, aus dem Zweiten Weltkrieg, der Nachkriegszeit, zu Kolonien und vielem mehr. Die Lesungen werden in Zusammenarbeit von Studierenden der Geschichtswissenschaft und Schauspielern entwickelt. Die Aufführungen finden im Theater am Leibnizplatz statt. Außerdem fährt die shakespeare company etwa 40 Mal im Jahr zu Gastspielorten in ganz Deutschland.

Die shakespeare company engagiert sich für das Publikum von Morgen: Sie veranstaltet Workshops für Jugendliche unter dem Titel »Theater macht Schule«, unterstützt den Leistungskurs »Darstellendes Spiel« der Oberstufe am Leibnizplatz und führt weitere Kooperationen mit der Schule durch. Für Besucher und Nicht-Besucher des Theaters hat die gemütliche **Theaterkneipe Falstaff** geöffnet und bietet Leckereien, Snacks und Getränke zum Pausieren und Entspannen.

Zu Ehren der bremer shakespeare company gibt es sogar ein Denkmal in der Neustadt. Vielleicht habt ihr die Figur schon mal bemerkt: Es handelt sich um eine Bronzeplastik namens »Der Gaukler« von Bildhauer Christoph Fischer. Sie steht mitten auf der Kreuzung am Leibnizplatz. Die Skulptur wurde 1991 errichtet. Übrigens hat der

gleiche Bildhauer in Worpswede die vier Dorfmusikanten erschaffen: Schwein, Schaf, Hase und Taube. Wikipedia bezeichnet sie als C-Mannschaft. Falls ihr mal nach Worpswede fahrt, könnt ihr euch das Pendant unseres berühmten Sympathieträgers ja anschauen.

Weiter geht's mit dem **Schnürschuh Theater** der Kulturschmiede e. V. am Buntentorsteinweg 145. Das Schnürschuh Theater ist ein Freies Theater und wurde 1976 gegründet. Zunächst hat die Theatergruppe an verschiedenen Standorten in Bremen gespielt und war darüber hinaus auch deutschlandweit auf den Bühnen unterwegs. Die Spielstätte am Buntentorsteinweg ist erst seit 1994 das feste Theaterhaus des Schnürschuh Theaters und wurde dafür extra umgebaut. Es verfügt über 99 Sitzplätze und kann heute übrigens auch für eigene Veranstaltungen ge-

Das beliebte Schnürschuh Theater

bucht werden, wie Geburtstage oder Firmenjubiläen – ist doch eine ziemlich coole Location, oder? Vielen ist das Schnürschuh besonders wegen seiner Kinder- und Jugendproduktionen bekannt.

Mittlerweile werden aber auch viele Stücke im Abendprogramm gezeigt, die sich an Erwachsene richten. Oftmals Adaptionen von Büchern und Kinofilmen, die sozial- und gesellschaftskritische Bezüge haben. Fokus der Schulvorstellungen liegt nach Möglichkeit auch auf schwierigen Themen wie Flucht, Ausländerfeindlichkeit und Nationalsozialismus. Zudem finden im Theaterhaus auch Gastspiele anderer Künstler statt, zum Beispiel Kleinkunst, Konzerte und Kabarett.

Die **Theaterwerkstatt der Hochschule Bremen** besteht seit 1999 und wird von Studierenden aller Fachrichtungen realisiert. Die Fakultäten der HSB sind Wirtschaftswissenschaften; Architektur, Bau und Umwelt; Gesellschaftswissenschaften; Elektrotechnik und Informatik sowie Natur und Technik. Innerhalb eines Jahres proben die Teilnehmer das Stück gemeinsam ein und zeigen dann im Sommer zwei Stücke auf verschiedenen Bühnen. Das kann im Kulturzentrum Schlachthof in Findorff sein, in der Schwankhalle am Buntentorsteinweg oder in Räumen in der Hochschule selbst. Die Hochschule Bremen legt viel Wert auf Kultur und bietet neben der Theaterwerkstatt auch den Hochschulchor IntoNation für Studierende, Mitarbeiter und Ehemalige an, sowie Beteiligungen am Lyrikfestival Poetry on the road und beim Summer-Sounds.

Mit der Theaterwerkstatt soll den Studierenden ergänzend zu ihrem Studienfach auch emotionale und soziale Kompetenz vermittelt werden. Besonders Studierende, die gerade erst die Schule beendet haben und neu im Studium und in der Stadt sind, machen mit der Theaterwerkstatt die Erfahrung, wie persönliche Grenzsituationen

Die Schwankhalle. Einst Brauerei, nun beliebter Kulturort

überwunden und gemeistert werden können. Diese Leidenschaft und Begeisterung überträgt sich auch auf die Zuschauer – probiert es mal aus!

Die **Schwankhalle** in den ehemaligen Räumlichkeiten der Remmer-Brauerei besteht seit 2003. Die Remmer-Brauerei wurde 1824 von Wilhelm Remmer am Schüsselkorb gegründet und um die Wende zum 20. Jahrhundert mit einem Standort am Buntentorsteinweg 112/116 erweitert. Die Kaiserbrauerei Beck, heute Brauerei Beck GmbH & Co. KG, kaufte die Remmer-Brauerei 1917 auf. Nach dem Krieg wurden die Gebäude umfunktioniert und anschließend war hier der Fuhrpark der städtischen Müllabfuhr untergebracht. Zwischenzeitlich wurden die Räume auch schon mal für Musik und Theater genutzt, bis sie nach Renovierungen und Restaurierungen schließlich offiziell als Kulturort Schwankhalle neu eröffnet wurden.

Wer sich fragt, woher der Name kommt: tatsächlich von schwenken, denn hier wurden die Bierfässer beim Waschen geschwenkt, als in den alten Hallen noch Bier gebraut und nicht Darstellende Künste produziert und gespielt wurden. Dahinter sind außerdem die **Städtische Galerie**, das **steptext dance project** und die **Musikerinitiative Bremen** untergebracht. Es gibt ein solidarisches Preissystem, ähnlich wie im Kukoon. Auch dort lässt es sich prima vor oder nach der Veranstaltung speisen oder einfach nur so ausspannen. Träger der Schwankhalle ist der Neugier e. V.

Zusammen mit dem Theater Bremen veranstaltet die Schwankhalle alle zwei Jahre das Outnow-Festival mit nationalen und internationalen Produktionen von Nachwuchskünstlern aus Schauspiel, Musiktheater, Tanz, Performance und angrenzenden Kunstgattungen.

Ein weiteres, vielleicht eher noch unbekanntes Theater ist das **GuT Theater**, das sich ebenfalls im Buntentorsteinweg 21 befindet. Hier geht es ums Mitspielen und Clownsein, um Selbstverwirklichung und um die unkonventionellen Theater-Spiel-Methoden von Johannes Galli. Die freie Theatergruppe lädt ein, die Märchen und Mythen von Galli zu erfahren und sich davon begeistern zu lassen.

Das **Tourneetheater Witt** gastiert in Schulen, auf Festivals und Events und erarbeitet gemeinsam mit anderen Theatern verschiedene Produktionen für Erwachsene und Kinder.

Die Inszenierungen von **compania t** liegen nicht nur im Bereich Schauspiel, sondern verfolgen spartenübergreifende Ansätze in den Bereichen Schauspiel, Maskenspiel, Tanz und Artistik. Weitere Schwerpunkte von compania t sind Improvisationstheater nach Keith Johnstone, Gastronomietheater und Kindertheater. Alle Infos und Termine stehen auf den jeweiligen Websites, die ihr in der Adressenliste dieses Buches findet.

Und zum Theater-Abschluss noch ein kurzes Wort zur La-Strada-Gala im Theater am Leibnizplatz. Die Gala des mehrtägigen Straßenkunstfestivals ist meist Monate vorher ausgebucht, da sie die Highlights der Shows zusammenfasst und als einzigartiges Spektakel präsentiert. Auch

wenn der Reiz von La Strada ja gerade das Umherflanieren, Stehenbleiben, Auf-dem-Gras-sitzen-und-Zugucken ist, so hat eben so eine pompöse Gala auch was für sich – also schnell sein und rechtzeitig Tickets sichern!

Alle Adressen sind hinten im Buch abgedruckt.

Kunst auf dem Teerhof

Nicht nur im Bereich Bühnenkunst hat die Neustadt einiges zu bieten. Hier finden sich auch mehrere Museen und viele kleinere Ateliers, die zum Kunstspaziergang und Entdecken einladen. Allen voran die international bekannte Weserburg und die Gesellschaft für Aktuelle Kunst, die mit ihrer Lage auf dem Teerhof nämlich links der Weser und damit ebenfalls auf der Neustadtseite liegen. Ganz in der Nähe, am Deich, befindet sich das Künstlerhaus Bremen und dann sind der Buntentorsteinweg mit der Städtischen Galerie und die diversen Ateliers im Buntentor, Huckelriede und im Flüsseviertel auch nicht mehr weit weg.

GAK und Weserburg liegen auf dem Teerhof zwischen Weser und Kleiner Weser. Ehe wir mit Kunst und Kultur

Der Teerhof um 1930, in der Mitte die Weserburg

Teerhof

fortfahren, hier noch ein kleiner Exkurs zum Teerhof und zur Weserburg:

Der Name **Teerhof** für die kleine Halbinsel ergab sich dadurch, dass im 15. Jahrhundert bestimmt wurde, dass Teerarbeiten aus Gründen der Brandgefahr nur noch in dem dort errichteten Teerhaus erledigt werden dürfen. Die Geschichte der Bebauung des Teerhofs erlebte einige Hochs und Tiefs. Im Jahr 1897 ließ die Zigarrenfabrik Ad. Hagens & Co. ein Gebäude mit Toreinfahrt und zwei neogotischen Türmen errichten, das bald Weserburg genannt wurde. Während der Weltwirtschaftskrise 1923 kaufte die Kaffeerösterei Gebrüder Schilling die Weserburg für den Import, die Rösterei und den Versand von Kaffee. Im Zweiten Weltkrieg wurden alle Gebäude auf dem Teerhof schwer beschädigt und die Weserburg gar fast vollständig zerstört. Als einziges Bauwerk der Halbinsel wurde die Weserburg bald nach dem Krieg wieder aufgebaut.

Die **Weserburg Museum für moderne Kunst** wurde 1989 unter dem Namen Neues Museum Weserburg Bremen gegründet und entstammt einer Idee aus einer Ausstellung, die 1982 in der Gesellschaft für Aktuelle Kunst (GAK) gezeigt wurde. Ein Sammler stellte hier die Werke verschiedener Künstler aus, alle in seinem Besitz, und so kam die Idee auf, ein Sammlermuseum für zeitgenössische Kunst zu gründen, in dem mehrere bedeutende Kunstsammler ihre Bestände oder Teile davon zeigen

würden. Am 6. September 1991 wurde schließlich das Neue Museum Weserburg Bremen eröffnet. Es war ein bis dahin völlig neues und unbekanntes Konzept. Auf 6.000 Quadratmetern Ausstellungsfläche werden seitdem in zahlreichen Ausstellungen und Präsentationen Werke der Gegenwartskunst gezeigt, die für die Weserburg ein nationales und internationales Ansehen erwirken konnten.

Die **Gesellschaft für Aktuelle Kunst**, kurz GAK, ist ein Kunstverein, der sich ebenfalls in den Räumen der Weserburg befindet. Er wurde 1980 gegründet und steht für aktuelle Tendenzen und Strömungen in der zeitgenössischen Kunst. Die GAK präsentiert vorrangig Gruppen- und Einzelausstellungen von Künstlern, die bisher noch nicht im Kunstbetrieb etabliert sind. Seit Gründung sind es nunmehr über 200 Ausstellungen. Es sind häufig avantgardistische Werke zu sehen. Die GAK als Bindeglied zwischen Museum und Akademie bietet Raum für das noch Unbekannte und die wechselnden Ausstellungen werden begleitet von Vorträgen, Filmprogrammen, Führungen, Lesungen oder Konzerten.

Ein echter Geheimtipp ist das **kek-Kindermuseum**, das seine nicht nur für Kinder spannenden Ausstellungen in der Weserburg präsentiert.

Nur ein paar Schritte über die Kleine Weser findet ihr Am Deich 68 das **Künstlerhaus Bremen**, das mit Galerie, 16 Ateliers, einer Tischlerei, Studios für Grafik, Design, Ton, Film und Druck, dem Verband Bremer Künstler und Künstlerinnen (BBK), dem Künstlerinnenverband Bremen (GEDOK) und einem Restaurant ein in ganz Deutschland einzigartiges Konzept bietet. Den Gästen werden hier Ausstellungen zeitgenössischer Kunst und Einblicke in die verschiedenen Ateliers geboten und den Mitgliedern Unterstützung, Austausch und ein hilfreiches Netzwerk. Das Fundament des Künstlerhauses sind die Ateliers, die für verschiedene Sparten wie Malerei, Film,

Fotografie und Bildhauerei öffentlich ausgeschrieben und für fünf Jahre vergeben werden.

Die **Städtische Galerie Bremen** wurde bereits in Zusammenhang mit der Schwankhalle erwähnt – erinnert ihr euch? Seit 1985 bildet sie das Bremer Zentrum für die Förderung aktueller bildender Kunst aus Bremen und umzu. Auf der Ausstellungsfläche mit rund 600 Quadratmetern werden unter anderem Erstausstellungen regionaler und überregionaler Nachwuchskünstler gezeigt sowie einmal im Jahr die Ausstellung des Bremer Förderpreises für Bildende Kunst und eine Reihe weiterer Werkschauen von Künstlerinnen und Künstlern aus der Region. Zudem beherbergt die Städtische Galerie Bremen die Sammlung des Städtischen Kunstbesitzes mit Kunstwerken aus dem

Die Städtische Galerie Bremen hinter der Schwankhalle, ebenfalls einstiges Brauereigelände

Die Galerie Atelier Brandt Credo in der Meyerstraße 145

20. und 21. Jahrhundert. Der Schwerpunkt dieser Arbeiten liegt ebenfalls auf regionalen Kunstschaffenden und es sind nahezu alle Sparten wie Malerei, Fotografie, Zeichnung, Druckgrafik sowie Skulptur vertreten.

Neben diesen großen Einrichtungen, die (fast) jederzeit für einen Besuch offen stehen, gibt es eine Vielzahl an kleineren Ateliers, Produktionsstätten und Galerien.

Das **Atelier Brandt Credo** in einem wunderschönen Altbremer Haus in der Meyerstraße 145 hat sonntagnachmittags für Besucher geöffnet und zeigt Ausstellungen ganz unterschiedlicher Stilrichtungen. Das Atelier wurde am geschichts- und zukunftsträchtigen 1. Januar 2000 gegründet und hat seither die Werke von rund 60 verschiedenen Künstlerinnen und Künstlern gezeigt. Auch Lesungen sowie Musik und Kabarett finden hier hin und wieder begleitend statt. Neuigkeiten sind auf der Website zu finden.

In der Rückertstraße gibt es mit **Kunst [] Raum** sowohl künstlerische Angebote von Malerei und Zeichnen über

Fotografie bis hin zum plastischen Arbeiten und Drucktechniken für Kinder, Jugendliche und Erwachsene, als auch Ausstellungen, Vorträge, Seminare, Kunsttherapien und Exkursionen. Gegründet wurde der Ort für Kunst im Jahr 1987 von einer Gruppe aus Künstlern, Kunsttherapeuten/-pädagogen und Ärzten. Die heutige Leiterin des **Kunst [] Raum** ist Ute Seifert.

Im **Atelier Buch und Tuch** in der Lahnstraße besteht unter anderem die Möglichkeit, selbst kreativ zu werden und in einem der Workshops Bücher oder Mäppchen herzustellen. Wer es lieber ein wenig handfester mag, für den sind vielleicht die **Töpferkurse bei Bernd Fischer** was. Der freischaffende Künstler hat Kurse für Anfänger und Fortgeschrittene im Angebot. In der Hohentorsheerstraße gibt es Kurse rund um Siebdruck, Holz-/Linolschnitt, Radierung, Emaillieren und Aktzeichnen. In der Sedanstraße in der Südervorstadt könnt ihr Kurse in Seidenmalerei und im Spinnen belegen. In der Kornstraße im **IB Plate Atelier A 208** zeigt unter anderem die Künstlerin Ingeborg Plate richtig tolle, verwunschene Werke aus Fotografie und Malerei. Im **Atelier Rosarot** in einem ehemaligen Zigarrenmacher-Häuschen aus dem 19. Jahrhundert könnt ihr Malerei und Keramikkunst von Eva Karstendiek bestaunen. Das Atelier **blaugrau** im Buntentorsteinweg ist ein Atelier für Malerei, Collagen, Siebdruck und Fotografie. Hier werden Arbeiten von Inhaberin Melanie Gruhl und anderen Künstlern gezeigt. Im **CoWerk 44**, einer Ateliersgemeinschaft mit sechs bis acht wechselnden Mitgliedern, entstehen Projekte und Workshops rund um Vintage, Upcycling, Grafik, Design und Illustration …

Puuh, seid ihr noch mitgekommen? Das war längst nicht alles, was die Neustadt an Kunst und Kultur zum Bewundern und Mitmachen parat hat! Und deswegen gibt es in regelmäßigen Abständen die Offenen Ateliers Bremen Neustadt, wobei die Kunstschaffenden der Bremer

Neustadt (und manchmal auch deren Freunde aus der Region) ihre Ateliers öffnen und zeigen, was sich hinter den Türen verbirgt. Das Rahmenprogramm ist gestaltet mit einer Vernissage und verschiedenen Führungen und dank eines detaillierten Stadtplans kann man sich am Tag des offenen Ateliers auch selbstständig auf die Socken machen und die Vielfalt links der Weser entdecken.

Ebenfalls in der Neustadt angesiedelt ist die **Musikerinitiative Bremen**, kurz MIB, die erste Jazzmusikerinitiative in Deutschland. Die MIB hat es sich zum Ziel gesetzt, den zeitgenössischen Jazz zu fördern. Seit rund 20 Jahren hat die MIB ihren Sitz in der Städtischen Galerie in direkter Nähe der Schwankhalle. Hier gibt es Proberäume und es finden Konzerte, Workshops und Kurse statt. Die MIB beteiligt sich an etlichen Konzertreihen und Festivals, wie etwa am Mibnight Jazzclub und natürlich am jazzahead.

Ein festes Kino gibt es in der Neustadt bisher leider nicht mehr. Das Modernes war von 1919 bis 1971 ein Kino (zwischenzeitlich eher für schlüpfrige Filmchen), auch im heutigen Theaterhaus des Schnürschuh Theaters hat es einst ein Kino gegeben. Außerdem konnte man das Apollo in der Osterstraße (1910 bis um 1962), das Film-

Suchbild: Wo befindet sich dieser italienisch anmutende Balkon?

Eck an der Ecke Oder-/Erlenstraße (1948/49), die Oase in der Lahnstraße (1950 bis 1963) oder von 1929 bis 1941 das Gloria in der Pappelstraße besuchen. Ist ja nun alles schon ein paar Jährchen her.

In den letzten Jahren wurden hin und wieder Open-Air-Kino-Versuche in den Neustadtswallanlagen gestartet, was ich sehr schön fand, sich aber vielleicht aufgrund des oft eher unbeständigen Wetters nicht so richtig gelohnt hat. Aber für alle Film-Fans gibt es dennoch hervorragende Nachrichten. Der eine oder andere aufmerksame Neustadt-Kultur-Fan hat es sicher schon mitbekommen: Im Herbst 2018 wurde eine Kino-Reihe im Kukoon, im Theatersaal der Zions-Kirche, in der Schwankhalle und in der KlimaWerkStadt ins Leben gerufen. Alle Infos zum Programm und zur Initiative findet ihr auf der passenden Webseite: kino-in-der-neustadt.de

Was hast du heute in der Neustadt Schönes entdeckt? Das kann eine Parkbank in einer idyllischen Ecke sein, eine Bar, die du noch nicht kanntest, eine verwunschene Straße oder oder oder...

____

____

____

____

____

Interview von Lena Häfermann mit Prof. Dr. Ingo Mose, Sprecher des Beirats Neustadt, Mitglied der Fraktion Bündnis 90/Die Grünen

Juli 2019

Was ist das Besondere an dem so genannten Fahrradmodellquartier? Es heißt, es sei einmalig in Deutschland. Aber Fahrradstraßen, in denen die Radler Vorrang haben, sind doch mittlerweile sehr verbreitet, oder?

Das Fahrradmodellquartier Alte Neustadt zeichnet sich dadurch aus, dass es auf ein ganzes Quartier ausgelegt ist und sich nicht auf ein, zwei Straßenzüge, wie das anderswo oft der Fall ist, beschränkt. So entsteht aus einem Netz von fahrradfreundlichen Straßen eine ganze Fahrradzone. Hinzu kommt, dass das Vorhaben unterschiedliche Maßnahmen umfasst, die sich in ihrer Wirkung sinnvoll miteinander verbinden. Ziel war es, das Fahrradfahren attraktiver und sicherer zu machen, ein konfliktarmes Miteinander der verschiedenen Verkehrsträger zu befördern, die Lebensqualität der BewohnerInnen des Quartiers zu erhöhen und einen wirksamen Beitrag zum Klimaschutz zu leisten.

Welche (Umbau-)Maßnahmen sind und waren nötig, um das Projekt zu realisieren?

Das Fahrradmodellquartier umfasst, wie gesagt, eine Vielzahl von Maßnahmen, die deutliche Spuren im Quartier hinterlassen haben. So wurden beispielsweise in einigen Straßen mit Kopfsteinpflaster holperfreie Asphaltstreifen für den Fahrradverkehr geschaffen, zahlreiche Fahrradbügel zum sicheren Abstellen von Fahrrädern aufgestellt und Gehwegnasen an mehreren Kreuzungen und Einmündungen für ein sicheres Queren angelegt. Erwähnung verdient auch die Schaffung neuer Überquerungsmöglichkeiten an zwei Hauptverkehrsstraßen der Neustadt, Langemarckstraße und Wester-/Osterstraße, die sowohl RadfahrerInnen als auch

FußgängerInnen auf ihren Wegen im und durch den Stadtteil zugutekommen. Zwei Maßnahmen ragen unter allen anderen besonders heraus: die Umgestaltung des Neustadtswalls zwischen den Gebäuden der Hochschule Bremen, der sich inzwischen als ein barrierefreier Campus präsentiert, sowie der Bau des Fahrrad-Repair-Cafés an der Langemarckstraße, das mit seinen verschiedenen Angeboten als Mittelpunkt des ganzen Fahrradmodellquartiers gedacht ist.

Gab es auch kritische Stimmen?
Wenn ja, gegen was richteten sich die?

Wie bei jedem größeren Bauvorhaben wurden auch gegenüber dem Fahrradmodellquartier anfangs Vorbehalte und Kritik geäußert. Verschiedentlich äußerten BewohnerInnen ihre Sorgen vor möglichen Einschränkungen während der Bauphase; diese sind aber ja stets nur vorübergehend aufgetreten. Von AutofahrerInnen wurde grundsätzlichere Kritik laut, die vor allem der Einschränkung des knappen Parkraums galt. Das ist in großen Teilen der Neustadt ein Problem. Tatsächlich sind im Zuge des Vorhabens jedoch nur sehr wenige Parkplätze entfallen; viele wurden stattdessen deutlich besser markiert. Einer ganzen Reihe von BewohnerInnen gehen die Maßnahmen noch nicht weit genug: Sie wünschen sich nachhaltige Antworten auf das Problem des aufgesetzten Parkens auf Gehwegen, das im Prinzip nicht zulässig ist, jedoch aufgrund des immensen Parkraumdrucks seit Jahren geduldet wird – unter Inkaufnahme der damit verbundenen Nachteile und Behinderungen. Hierauf kann mit dem Fahrradmodellquartier nur indirekt Einfluss genommen werden: Indem die Benutzung des Fahrrads immer mehr an Attraktivität gewinnt, wird, so die Annahme, die Bereitschaft der Bevölkerung steigen, auf das eigene Auto zu verzichten. Dazu gehört auch, dass entsprechende Maßnahmen nicht auf die Alte Neustadt beschränkt bleiben, sondern die neuen

Fahrradstraßen Anschluss an das im Aufbau befindliche Netz von Premiumrouten finden und das Projekt Schritt für Schritt, ganz im Sinn eines Modells, in den benachbarten Quartieren und Stadtteilen seine Fortsetzung findet.

Wie viele Radfahrer sind das wohl ungefähr, denen die Fahrten mit diesem Projekt komfortabler gestaltet werden? Sind das nur Studierende und Mitarbeiter der Hochschule, oder wer ist die Zielgruppe?

Über genaue Zahlen zu den Wirkungen des Fahrradmodellquartiers lässt sich zum gegenwärtigen Zeitpunkt nur spekulieren. Dazu bedürfte es belastbarer empirischer Erhebungen, die in Zukunft vielleicht einmal Gegenstand einer Evaluation des Vorhabens sein könnten. Was dessen Zielgruppe betrifft, so zielt das Fahrradmodellquartier auf alle Menschen, die im Quartier wohnen, arbeiten, studieren, Kultur und Sport treiben und ihre Freizeit verbringen. Es bedarf keiner großen Mühe, um selbst zu beobachten, wie gut die verschiedenen Maßnahmen bereits binnen kurzer Zeit angenommen werden. Mit wachsender Bekanntheit der verschiedenen Angebote, da bin ich mir sehr sicher, wird der Zuspruch für das Fahrradmodellquartier weiter zunehmen und auch Menschen in den benachbarten Quartieren anstecken.

Sind Sie selbst auch Radfahrer?

Ich bin seit vielen Jahren begeisterter Fahrradfahrer und lege den größten Teil meiner Wege in der Neustadt sowie in der ganzen Stadt mit dem Fahrrad zurück. Besonders gerne fahre ich mit dem Rad auch in meiner Freizeit. Wenn es sich anbietet, gehe ich aber manche Wege auch mal zu Fuß oder benutze den Bus oder die Straßenbahn. Das Angebot des ÖPNV ist dazu in der Neustadt geradezu perfekt. Das Auto spielt für mich und meine Familie nur noch eine sehr untergeordnete Rolle.

Finden Sie, dass die Neustadt in punkto Nachhaltigkeit eine besondere Rolle in Bremen einnimmt, oder gibt es einen Stadtteil, den Sie als Vorbild betrachten?

Die Beantwortung dieser Frage hängt eng damit zusammen, was man unter Nachhaltigkeit versteht. Mir persönlich ist es wichtig, dass sich mit dem Begriff gleichermaßen eine ökologische, soziale und ökonomische Perspektive verbindet. Zudem lege ich Wert auf einen starken Nachhaltigkeitsbegriff, der dem Schutz der natürlichen Umwelt Vorrang vor allen anderen Zielen einräumt. In den letzten Jahren sind in der Neustadt viele Projekte realisiert worden, die auch und gerade im Hinblick auf die Herausforderungen der Nachhaltigkeit von Bedeutung sind. Wie das Beispiel des Fahrradmodellquartiers zeigt, verbinden sich damit verschiedene Nachhaltigkeitsziele, hier Mobilität, Sicherheit, Wohnqualität und Klimaschutz, die sich in idealer Weise ergänzen. Ähnliche Bedeutung messe ich den Initiativen zum Urban Gardening auf dem Lucie-Flechtmann-Platz und zum Betrieb der KlimaWerkStatt bei. Erstmals versuchen in diesem Jahr die Veranstalter des Kulturfestivals »Summer Sounds 2019« auf den Gebrauch von Einweggeschirr aus Plastik zu verzichten. All dies sind gute Beispiele dafür, was man anders machen kann und insofern als Vorbild im Sinne der Nachhaltigkeit gelten kann. Ebenso gibt es aber in den anderen Stadtteilen Bremens verschiedene Vorhaben von ähnlicher Qualität. Insofern ragt kein Stadtteil für mich heraus. Aber so gut und erfolgreich die vielen Vorhaben auch sind, bleibt auf dem Weg zu einer nachhaltigen Stadtentwicklung nach wie vor viel zu tun!

Welche »grünen« Projekte gibt es in der Neustadt? Vielleicht ein weiteres, auf das Sie besonders stolz sind?

Viele Projekte, die in den letzten Jahren in unserem Stadtteil realisiert worden sind oder aktuell zur Diskussion stehen, tragen einen »grünen Anstrich«. Ich verstehe darunter

Vorhaben, die durchaus von den Grünen bzw. dem grün geleiteten Ressort für Umwelt, Bau und Verkehr angestoßen wurden, tatsächlich aber auf einer viel breiteren politischen und gesellschaftlichen Basis, die die verschiedensten Verbände, Initiativen, Gruppen und auch politische Parteien umfasst, fußen. Gemeinsam teilen diese das Anliegen einer nachhaltigen Entwicklung des Stadtteils und der ganzen Stadt. Besonders stolz können wir in der Neustadt auf das bereits angesprochene Fahrradmodellquartier sein, dessen Qualitäten ich bereits zu beschreiben versucht habe. Ähnlich überzeugt bin ich aber auch von der Entwicklung des so genannten »Kaisen-Campus« in Huckelriede. Ausgehend von der Wilhelm-Kaisen-Oberschule entsteht dort unter Einbeziehung der örtlichen KITA, der im Aufbau befindlichen Helene-Kaisen-Grundschule sowie der Zirkusschule Jokes ein besonderer Bildungsstandort, dessen Bedeutung für die schulische Qualifizierung und persönliche Entwicklung junger Menschen sowie die Integration verschiedener sozialer Gruppen im Ortsteil nicht hoch genug erachtet werden kann. Groß ist meine Freude auch über die Maßnahmen zur Aufwertung des Bahnhofs Neustadt und seines Umfeldes, die Umgestaltung des Umfeldes der Oberschule am Leibnizplatz sowie die zukünftigen Wohnheime für Studierende, um nur einige weitere Beispiele zu nennen. Sie alle tragen zur Verbesserung der Lebensqualität und damit auch zur Identifikation der BewohnerInnen mit ihrem Stadtteil bei.

Was haben Sie für die Zukunft vor?

In der neuen Amtszeit des Beirats Neustadt möchte ich mich weiterhin engagiert und kritisch für unseren Stadtteil einsetzen. Mir liegen dabei insbesondere die konsequente Durchsetzung von Klimaschutz und Klimaanpassung, die Stärkung einer umweltfreundlichen Mobilität, die Schaffung bezahlbaren Wohnraums sowie die Erhaltung des öffentlichen Grün- und Freiraums am Herzen. Zur Umsetzung entsprechender Maßnahmen halte ich es für unverzichtbar, dass dafür nicht nur ein möglichst breiter politischer Konsens gesucht wird, sondern auch geeignete Formen der Partizipation für die betroffene Bevölkerung angeboten werden. Für eine nachhaltige Stadtentwicklung ist es unverzichtbar, Wissen und Erfahrungen der Menschen vor Ort zu berücksichtigen, diese an der Entwicklung von Ideen und Konzepten zu beteiligen und an den notwendigen Entscheidungsprozessen angemessen zu beteiligen.

Überlege dir, was dir an der Neustadt gefällt und schreib es auf! Wenn du magst, frag einen Nachbarn, Freunde oder deine Familie, was sie an dem Stadtteil mögen!

Schulen in der Neustadt

Schule am Leibnizplatz

Die Schule am Leibnizplatz ist unter anderem in dem beeindruckenden Klinkergebäude untergebracht, das majestätisch über dem Treiben in den ehemaligen Wallanlagen zu thronen scheint. Es handelt sich um die Kaserne IV des Infanterieregiments Bremen Nr. 75. Sie wurde zusammen mit weiteren Kasernenbauten in den Jahren 1892 und 1893 errichtet und soll heute das älteste erhaltene Gebäude sein, das für einen militärischen Zweck gebaut worden ist. Nach dem Zweiten Weltkrieg wurde die Kaserne eine lange Zeit vom Polizeirevier Neustadt genutzt, das sich heute in der Airport-Stadt befindet.

Im Jahr 2012 wurden schließlich Klassenräume für die Oberschule am Leibnizplatz geschaffen. Seither wird hier auch die gymnasiale Oberstufe unterrichtet, die zuvor im Schulzentrum Delmestraße ausgelagert war.

Die Schule am Leibnizplatz wurde 1909 als Realschule in der Brückenstraße, dem nördlichen Teil der späteren Friedrich-Ebert-Straße, gegründet, da es in der Altstadt bereits zwei Realschulen gab und man fand, in der Neustadt bräuchte man ebenfalls eine. Der Leibnizplatz wurde erst nach dem Zweiten Weltkrieg so benannt und dabei erhielt logischerweise auch die Schule erst ihren jetzigen Namen. Namensgeber ist Gottfried Wilhelm Leibniz (1646–1716), ein so genannter Universalgelehrter, der Philosoph, Jurist, Diplomat, Mathematiker, Historiker und Physiker war.

Im Laufe der Jahre hat die Schule mehrfach die Schulform gewechselt, war mal Realschule, Gymnasium und Integrierte Stadtteilschule, und unterlag insgesamt einem steten Wandel. So trug die Schule zwischen 1938 und 1945 den Namen Kapitän-König-Schule – nach Paul König, einem Kapitän des Norddeutschen Lloyds – und mit der Integration des Lyzeums Anna-Waetge (Lyzeum ist die Bezeichnung für eine höhere Mädchenschule) aus der Mainstraße wurde 1950 mit der Koedukation begonnen, also mit der gemeinsamen Schule von Mädchen und Jungen. Das Schulgebäude steht seit 1984 unter Denkmalschutz.

Seit 1988 ist die bremer shakespeare company hier zuhause. 1988/89 wurde die Schule aufgelöst und die Schüler in die Schule an der Delmestraße umquartiert. Da die Schülerzahl dann wieder stieg, erfolgte zwei Jahre später die Wiedereröffnung. Mitte der 90er wurde sie zur Integrierten Stadtteilschule umgewandelt und 2010 zur Oberschule, als in Bremen das zweigliedrige Schulsystem beschlossen wurde. Die Oberschule am Leibnizplatz ist heute (2023) eine Gesamt- und Ganztagsschule.

Im traditionellen Gebäude: Die Oberschule am Leibnizplatz

Schulzentrum Delmestraße

Verlässt man die Neustadtswallanlagen in Richtung Süden, gelangt man auf die Delmestraße, eine etwas breitere Straße, die beiderseits mit Bäumen, häufig Rotdornbäumen, bepflanzt ist. An ihrem Ende, fast schon an der Neuenlander Straße, befindet sich das Schulzentrum Neustadt, in dem mittlerweile berufliche Schulen für Hauswirtschaft und Sozialpädagogik untergebracht sind. Das Gebäude des Schulzentrums stammt aus dem Jahr 1931 und steht ebenfalls, wie die Schule am Leibnizplatz, seit 1984 unter Denkmalschutz. Das Zentrum wurde als Schule an der Delmestraße ab 1928 geplant und von 1929 bis 1931 im damals modernen, schnörkellosen Stil erbaut.

Nach dem Zweiten Weltkrieg gab es hier eine Grund-, Haupt- und Realschule, und ab 1946 sogar für fünf Jahre eine Oper, die in der Turnhalle vorübergehend Zuflucht gefunden hatte, und für kurze Zeit ein Kino. Das eigentliche Gebäude der Oper wurde im Krieg zerstört und die Betreiber suchten eine provisorische Unterbringung, die sie bei uns in der Neustadt fanden. Später, ab 1976, gab es neben Haupt- und Realschule sowohl eine Orientierungsstufe als auch ein Gymnasium. Ab 1988 kamen die Leibnizplatz-Schüler der Klassen 10 bis 13 in die Delmestraße, da ihre Schule geschlossen wurde. Der allgemeine Bildungsbereich wurde zwischen 2000 und 2012 nach und nach aufgelöst. Jetzt sind hier die Beruflichen Schulen für Hauswirtschaft und Sozialpädagogik, die Werkschule und die Fachoberschule Gesundheit und Soziales zu finden.

Wilhelm-Kaisen-Oberschule

Im südöstlichsten Ortsteil der Neustadt, in Huckelriede, befindet sich die zweite Oberschule in unserem Stadtteil. Die Wilhelm-Kaisen-Oberschule an der Valckenburghstraße(in der Nähe des Schnittpunkts von Buntentorsteinweg und Kornstraße) ist aus der Fusion der Schule an der Gottfried-Menken-Straße und der Schule an der Kornstraße hervorgegangen. Sie wurde im Jahr 2003 gegründet und zunächst schlicht Wilhelm-Kaisen-Schule genannt. Mit dem Schuljahr 2009 und im Zuge der Einführung des zweigliedrigen Schulsystems mit Grundschule und Oberschule/Gymnasium wurde die Wilhelm-Kaisen-Schule in Wilhelm-Kaisen-Oberschule umbenannt. Die Schule ist eine von drei UNESCO-Projektschulen in Bremen, die in dem weltweiten Schulnetzwerk der UNESCO arbeiten. Inzwischen ist die WKO Teil des Kaisen-Schul-Campus.

Bis Ende 1998 befand sich in der Valckenburghstraße noch das Schulzentrum Huckelriede. Die Schule wurde 1961–67 als Gymnasium und Schulzentrum mit einer Abteilung für die kaufmännische Berufsschule gebaut. Ende 1998 wurde die Auflösung des Schulzentrums Huckelriede beschlossen und wenige Jahre später die Wilhelm-Kaisen-Schule an dieser Stelle gegründet.

Eine der beiden Schulen, die in den Verbund der neuen Schule integriert wurden, ist die Schule an der Kornstraße. Sie befand sich seit 1916 im Buntentor an der Ecke zur Claudiusstraße unweit der Ortsteilgrenze zu Huckelriede. Nach dem Zweiten Weltkrieg gab es dort zunächst die Schule an der Claudiusstraße als Grundschule und die Schule an der Kornstraße als Haupt- und Realschule. Beide Schulen zusammen bildeten ein Schulzentrum.

Das heute denkmalgeschützte Gebäude an der Kornstraße wurde von 1914 bis 1916 erbaut. Die Schule war bei ihrer Errichtung in der Zeit vor dem Ersten Weltkrieg eine von vier konzeptionell neuartigen Doppel-Volksschulen (durch die Zusammenfassung von Jungen- und Mädchenschule).

Ein Teil des schönen Gebäudes wurde im Jahr 2005 an Investoren verkauft, die dort Eigentumswohnungen und Gewerbeeinheiten errichteten. Der andere Teil wird vom ATS Buntentor genutzt, der den stark renovierungsbedürftigen Turnhallen und anderen Räumen mit viel Eigenarbeit zu neuem Leben verholfen hat.

Die zweite Schule, die in die Wilhelm-Kaisen-Schule aufgegangen ist, war die Schule an der Gottfried-Menken-Straße. Sie war 1958 als Grund- und Hauptschule für die Gartenstadt Süd eröffnet worden.

Die Wilhelm-Kaisen-Oberschule: Umringt von vielen Bäumen

Grundschulen

Zwischen 1889 und 1905 stieg die Anzahl aller Neustadtbewohner auf 41.000 an. Das hing insbesondere mit dem Beitritt Bremens zum Zollverein in 1888 und dem daraus resultierenden Wirtschaftsboom zusammen. So wurde es dringend nötig, Schulen zu bauen.

In der Neustadt gibt es heute insgesamt fünf Grundschulen, die sich auf die Ortsteile Hohentor, Südervorstadt, Buntentor und Huckelriede verteilen. Dabei handelt es sich um die Ganztagsgrundschule in der Oderstraße im Hohentor, die Schule an der Kantstraße in der Südervorstadt, die beiden Ganztagsgrundschulen an der

Karl-Lerbs-Straße (Gartenstadt Süd) und am Buntentorsteinweg (Huckelriede) sowie noch relativ neu im Bildungskreise die Grundschule Helene-Kaisen-Schule auf dem Kaisen-Campus in Huckelriede.

Die **Grundschule in der Oderstraße** wurde 1909 als Volksschule gebaut. Heute werden hier rund 250 Kinder in einer dreizügigen offenen Ganztagsgrundschule unterrichtet. Für die Kinder, die am Nachmittag bleiben, gibt es eine Schulmensa sowie Lern- und AG-Angebote.

Läuft man die Pappelstraße und noch ein Stückchen auf der Gastfeldstraße entlang, kommt man bald zur Kantstraße. Wer hier links abbiegt, gelangt zur nächsten Grundschule: die **Schule an der Kantstraße**. Das rote Backsteingebäude ist schon über 125 Jahre alt. Es wurde am 1. April 1892 als Freischule an der Kantstraße eröffnet. Freischule bedeutete, dass kein Schulgeld erhoben wurde. Fibel, Ta-

Die Grundschule am Buntentorsteinweg hat natürlich auch einen bunten Spielplatz

Dem Elefanten können die Kinder der Grundschule in der Oderstraße den Rüssel runterrutschen

fel, Griffel, Feder, Tinte und Hefte wurden von der Schule gestellt (und damit letztlich von der Stadt). Jedes angemeldete Kind wurde aufgenommen – unabhängig von den finanziellen Möglichkeiten der Eltern.

Schule und Schulhof waren in der Mitte geteilt. Links war die Seite für Mädchen und rechts die für Jungen. In der Mitte des Schulhofs verlief eine Trennungsmauer mit einem Tor in der Mitte, deshalb hat die Schule zwei Treppenhäuser und bis 1959 auch noch zwei Eingänge. Die Toiletten befanden sich hinter der Schule und waren für die Kinder nur zugänglich, wenn die Jungs rechts und die Mädchen links, hübsch getrennt, um die Schule herumgingen. In der zweizügigen, verlässlichen Grundschule, die auch außerhalb der reinen Unterrichtszeit von 8 bis 13 Uhr eine verlässliche Betreuung anbietet, lernen heute knapp 200 Kinder.

Die **Ganztagsgrundschulen in der Karl-Lerbs-Straße** und am Buntentorsteinweg liegen Luftlinie gar nicht

weit entfernt von der Kantstraße. Namensgeber für Erstere, sowohl für die Schule als auch für die Straße, war der Bremer Schriftsteller Karl Johann Friedrich Lerbs. Er lebte von 1893 bis 1946. Schon im Alter von 13 Jahren soll er Gedichte verfasst haben, die sein Vater anonym veröffentlichen ließ. **Karl Lerbs** besuchte das Alte Gymnasium in der Innenstadt, das 1528 gegründet wurde und damit Bremens älteste Schule ist. Er war nach dem Abitur in einer Buchhandlung tätig, anschließend arbeitete er als Redakteur, Rezensent, Übersetzer und Dramaturg. Letzteres am Schauspielhaus in Bremen, heute bekannt als Theater am Goetheplatz. Bekannte Bücher von Karl Lerbs sind unter anderem seine Bremischen Anekdoten »Hinter Rolands Rücken«, »Der lachende Roland« und »Unter Rolands Augen«.

Eine der Besonderheiten der Grundschule an der Karl-Lerbs-Straße ist die Lernwerkstatt, die von allen Grundschulen links der Weser genutzt werden kann. Der Fokus liegt auf mathematischen und naturwissenschaftlichen Themen. Entstanden ist die Werkstatt im Rahmen eines bundesweiten Projektes, das den mathematisch-naturwissenschaftlichen Unterricht fördert. Rund 350 Kinder werden in der Karl-Lerbs-Straße unterrichtet.

Die **Ganztagsgrundschule am Buntentorsteinweg** ist ebenso wie die Schule in der Karl-Lerbs-Straße eine so genannte gebundene Ganztagsschule, in der die Kinder verpflichtet sind, an mindestens drei Wochentagen bis 16 Uhr in der Schule zu bleiben. Die dreizügige Schule unterrichtet knapp 300 Schülerinnen und Schüler in jahrgangsübergreifenden Lerngruppen 1/2 und 3/4. Das Gebäude, in dem sich die Schule befindet, stammt aus dem Jahr 1861 und steht seit 1980 unter Denkmalschutz. Bei Gründung war die Schule, die sich heute mitten in der Stadt befindet, noch eine Landschule in dünn besiedeltem Gebiet.

Der Kaisen-Campus

Im Jahr 2018 wurde die **Helene-Kaisen-Grundschule** an der Valckenburghstraße errichtet. Sie ist aus einer Dependance der Schule am Buntentorsteinweg entstanden, da durch Neubaugebiete und Zuzug nicht mehr alle Kinder im Grundschulalter an der Schule im Buntentor aufgenommen werden konnten. In der Schule wird ebenfalls jahrgangsübergreifend unterrichtet. Die Helene-Kaisen-Schule ist ein bislang einmaliges Projekt in Bremen, denn sie teilt sich ihr Areal mit der Wilhelm-Kaisen-Oberschule. Grund- und Oberschule wachsen so enger zusammen, Mensa, Schulhof und weitere Räumlichkeiten stehen allen Klassen zur Verfügung. Bildungscampus heißt das und wird auch in anderen deutschen Städten als Zukunftsmodell gehandelt.

Die Schule ist benannt nach Helene Kaisen, der Ehefrau von Wilhelm Kaisen, Bremens erstem Nachkriegsbürgermeister. Helene Kaisen war als Mitgründerin der Arbeiterwohlfahrt in Bremen und später auch Vorsitzende des Vereins selbst politisch aktiv.

Hochschule Bremen

Die Hochschule Bremen (HSB) ist eine von vier staatlichen Hochschulen in Bremen. Die Standorte verteilen sich auf den Neustadtswall und die Langemarckstraße, auf die Werderstraße und, vielen vielleicht eher unbekannt, auf die Flughafenallee im Gewerbegebiet Airport-Stadt. Die größte Fachhochschule im Land Bremen gilt als traditionsreich und innovativ zugleich. Innovation aus Tradition sozusagen. Die Fachbereiche sind Soziales und Technik am Neustadtswall, Nautik und Wirtschaft in der Werderstraße, das International Graduate Center in der Langemarckstraße sowie Informatik und Luft- und Raumfahrt im Zentrum für Informatik und Medientechnologien, kurz ZIMT, in der Flughafenallee.

Die Hochschule Bremen besteht aus insgesamt fünf Fakultäten. Knapp 9.000 Menschen studieren in rund 65 verschiedenen Studiengängen; das wechselt immer mal wieder ein kleines bisschen. Der Schwerpunkt mit über der Hälfte aller Studierenden liegt übrigens auf den Ingenieurs- und den Naturwissenschaften.

Der Eingang zur Hochschule

Eine weitere HSB-Besonderheit ist der **Internationale Frauenstudiengang Informatik**. Nur an wenigen Hochschulen in Deutschland ist das Studium in den MINT-Fächern (Mathematik, Informatik, Naturwissenschaft und Technik) als Frauenstudiengang aufgesetzt. So haben Frauen die Möglichkeit, unter sich zu studieren, vor allem in der Anfangsphase, und später bei Bedarf auch in gemischte Lehrveranstaltungen zu wechseln.

In die Hochschule integriert sind zwei Teilbibliotheken der Staats- und Universitätsbibliothek Bremen. Das ist zum einen die Bibliothek für Technik und Sozialwesen in der Hochschule Bremen am Neustadtswall sowie zum anderen die Teilbibliothek für Wirtschaft und Nautik an der Werderstraße. Beide Bibliotheken sind öffentlich zugängliche, wissenschaftliche Sammlungen, die in erster Linie Mitarbeiter und Studierende der Hochschule mit Fachliteratur versorgen, aber natürlich jedem Interessierten offenstehen.

Ein Schwerpunkt neu einzurichtender Studiengänge ist die Akademisierung von Gesundheitsfachberufen, beispielsweise Studienangebote in der Pflege, für die Ausbildung von Hebammen und ggfs. in der Ergotherapie.

Außerdem soll Wohnraum für Studierende geschaffen werden. Aktuell gibt es in der Neustadt zwei Studentenwohnheime – die Wohnanlage mit 63 Plätzen im Geschwornenweg in der Südervorstadt, also nicht direkt bei der Hochschule, und ein weiteres mit 74 voll möblierten Apartments in der Ottostraße. Ein weiteres Studierendenwohnheim wird voraussichtlich in den kommenden Jahren am Niedersachsendamm entstehen.

Im Ganzen kann man mit Fug und Recht behaupten, dass die HSB maßgeblich dazu beiträgt, dass die Neustadt jung ist und bleibt, weil sich das Angebot an Kneipen und Kultureinrichtungen erhält und stetig erweitert.

Es ist zudem geplant, auf dem ehemaligen Mondelēz-Gebäude einen Mix aus Wohn- und Büroräumen zu bauen. Die moderne Anlage wird derzeit unter dem Arbeitstitel »Weserhöfe« geführt, angeblich sollen hier nicht nur noble Eigentumswohnungen entstehen, sondern auch bezahlbare Miet- und Studentenwohnungen. Dafür werden rund 25 % der Wohnungen öffentlich gefördert.

An der Kleinen Weser gegenüber dem Teerhof gelegen ist auf dem ehemaligen Mondelēz-Gelände ein neues Wohn- und Arbeitsquartier mit insgesamt 266 barrierefreien Wohnungen entstanden – 80 davon wird die GEWOBA preisgebunden an Singles, Paare und kleinere Familien vermieten. Den Vertrieb der restlichen Wohnungen übernimmt Justus Grosse.

Das International Graduate Center der Hochschule Bremen

Erinnerungskultur in der Neustadt-**DENK**ORTE setzen Zeichen gegen das Vergessen –

Von John Gerardu und Horst Otto

Seit 2016 findet man an ausgewählten Orten in der Neustadt Stelen und Tafeln, die an die Schreckenszeit des Nationalsozialismus in diesem Stadtteil erinnern. Aufgestellt wurden sie von der **DENK**ORTE-Initiative, wobei AnwohnerInnen die Pflege übernommen haben. In einem Flyer, der ebenfalls von der Initiative herausgebracht wurde, werden die **DENK**ORTE mit weiteren Orten, die im Kontext mit den NS-Verbrechen stehen, über einen Rundgang verbunden. Dieser ermöglicht interessierten BürgerInnen, sich auf Spurensuche in der Neustadt zu begeben. Das Aufsuchen solcher Orte soll das Bewusstsein dafür schärfen, was hier ab 1933 bis 1945 geschehen ist. Es muss daran erinnert werden, dass Millionen Tote zu beklagen sind und dass zwölf Jahre lang ein verbrecherisches Regime vielfältiges Leid über Deutschland und die Welt gebracht hat. Gleichzeitig mahnen diese Erfahrungen mit der NS-Diktatur, wie notwendig diese aktive Erinnerungskultur aktuell ist, um dem Erstarken rechter Tendenzen im Land den Nährboden zu entziehen. Hier stellt sich die Frage: Wie ist es zu diesem zivilgesellschaftlichen Engagement in der Neustadt gekommen?

Das Mahnmal der Freiwilligen Feuerwehr Neustadt im Gedenken an die Häftlinge des Außenlagers vom KZ Neuengamme in der damaligen Hindenburgkaserne

Freiwillige Feuerwehr gibt Impuls für **DENK**ORTE-Initiative

Zur Jahreswende 2009/2010 reifte bei den Verantwortlichen des »Fördervereins der Freiwilligen Feuerwehr Bremen-Neustadt e. V.« der Gedanke, ein Denkmal zur Erinnerung an die NS-Zeit im Zusammenhang mit der ehemaligen Hindenburgkaserne in Bremen-Huckelriede zu etablieren.

Auf dem Gelände der Freiwilligen Feuerwehr, Am Seeßenthom 4, befand sich während der NS-Zeit ein Außenlager des KZ Neuengamme. Ab Dezember 1942 wurden unter der Regie der SS-Baubrigade II hierhin Gefangene aus den Konzentrationslagern Buchenwald, Sachsenhausen und Neuengamme überführt und zur Arbeit gezwungen. Ihre Aufgabe: Beseitigung von Trümmern und Blindgängern nach englischen und amerikanischen Bombenangriffen sowie Bergung von Leichen. Sie wurden auch gezwungen, in Bremer Rüstungsbetrieben, z. B. bei Focke-Wulf, zu produzieren. Viele Gefangene überlebten die unmenschlichen Lagerbedingungen und die harte Arbeit nicht. Am 26. September 1944 brannte das Lager nach Bombentreffern von alliierten Fliegerkräften vollständig nieder.

Mit Unterstützung der Historikerin Ina Determann und dem Geschichtslehrer Günther Bodermann von der Wilhelm-Kaisen-Oberschule entstand eine Broschüre über den Ort. Ein weithin sichtbares Denkmal und die dazugehörige Informationstafel an der Ecke Franz-Grashof-Straße/Am Dammacker erinnern seit dem 30. Januar 2016 an die schrecklichen Ereignisse. Dies wurde möglich mit Unterstützung des Beirats Neustadt sowie dem Quartiersmanagement Huckelriede, die die Finanzierung des Denkmals sicherten.

Die KPD-Zentrale am Buntentorsteinweg, um 1932

Von der Planung zur Aufstellung eines Denkmals ging ein Impuls zur Gründung der Initiative **DENK**ORTE Neustadt aus. Diese setzte sich zum Ziel, einen Rundgang zu denkwürdigen Orten zu konzipieren. In der Initiative trafen sich neben den VertreterInnen der Freiwilligen Feuerwehr jetzt auch MitstreiterInnen des Quartiersmanagements Huckelriede, der Jugendbildungsstätte LidiceHaus, der Wilhelm-Kaisen-Oberschule und der »Spurensuche Bremen«. Gemeinsam wurde überlegt, wie in der Neustadt angemessen an Geschehnisse und Verbrechen aus der Zeit des Nationalsozialismus erinnert werden kann. Weitere Orte, die im Stadtteil einen Bezug zum historischen Thema aufweisen, sollten identifiziert, dokumentiert und über einen »Erinnerungspfad« miteinander verbunden werden. Dieser **DENK**ORTE-Pfad bietet BürgerInnen, insbesondere auch Jugendlichen und Schulklassen, die Möglichkeit, sich über die Orte zu informieren.

Die Initiative gedenkt nicht, sondern bietet »Denkanstöße« sowohl zu den Tatorten, zu den Opfern als auch zu den Tätern. Die Menschen im Stadtteil werden angeregt, sich mit einem historisch begrenzten Zeitabschnitt des Stadtteils zu beschäftigen. Im Ergebnis fördert solche Erinnerungsarbeit auch die Identifikation mit dem eigenen Stadtteil. Dies war für den Beirat Neustadt, ebenso wie für das Quartiersmanagement Huckelriede, ein wichtiger Aspekt zur Förderung der **DENK**ORTE-Initiative.

Diese Initiative hat neben der optischen Darstellung der Themen zugleich Ideen entwickelt, nach welchen Kriterien Informationstafeln im Stadtteil installiert werden und wie die vor Ort lebende Bevölkerung einbezogen werden kann. Sie sollten z. B. nicht in Konkurrenz zu den bereits vorhandenen »Stolpersteinen« treten. Auf den Stelen und Tafeln sollte ein Text über den Ort des Geschehens informieren und zugleich über einen QR-Code der Zugriff auf weiterführende Informationen auf dem Online-Portal www.spurensuche-bremen.de angeboten werden.

DENKORTE aktiviert verschüttete Spuren

Die agile Initiative vermittelt den Bürgerinnen und Bürgern des Stadtteils eine Kurzinformation zu historisch belegten Tatsachen. Ihr Anliegen ist es, in der Neustadt mit ausgewählten **DENK**ORTEN an die Verbrechen des NS-Regimes zu erinnern und Lehren für die heutige Zeit abzuleiten:

- An die Zwangsarbeit von KZ-Häftlingen und Kriegsgefangenen sowie an die Aufrüstungspolitik der Nazis durch die Stele neben dem Denkmal auf dem Gelände der ehemaligen Hindenburgkaserne.
- An die Verfolgung, Vertreibung und Ermordung der jüdischen Bevölkerung durch die Stele an der ehemaligen Mikwe in der Vohnenstraße 3. Hier werden auch die Enteignung (sog. »Arisierung«) des Hauses und die Umstände der Rückgabe nach der Befreiung vom Faschismus thematisiert.
- An den Terror gegenüber den politischen Gegnern durch eine Stele, die an das »Rote Haus« am Buntentorsteinweg 95, die einstige Zentrale der KPD für Bremen und Norddeutschland, erinnert. Ab 1933 wurden in den Kellerräumen des Hauses politische Gegner systematisch durch SA-Kräfte gefoltert.
- An den repressiven Umgang mit ideologisch nicht-konformen Mädchen durch die Tafel am Isenbergheim in der Kornstraße 209.
- An das Leid der deutschen Bevölkerung wird durch jene Tafel erinnert, die in der Parkanlage an der Neustadtscontrescarpe über den von alliierten Bomben getroffenen Erdbunker informiert. 66 Schutzsuchende aus der Neustadt starben dort im Juni 1943.

Die **DENK**ORTE-Initiative hat in der Neustadt inzwischen fünf Stelen bzw. Tafeln aufgestellt. Die Aufstellung weiterer drei Stelen ist geplant. Sie erinnern an die Aufrüstung

Nazi-Deutschlands in den 1930er-Jahren am Beispiel des Mythos um »Langemarck« (heutiges Antikriegsdenkmal an der Hochschule Bremen) und die zwei Lager an der Duckwitzstraße, in denen von 1942–1945 Zwangsarbeiter und sowjetische Kriegsgefangene in sogenannten »Russenlagern« unter erbärmlichen Bedingungen interniert waren.

Broschüre stellt zwölf **DENK**ORTE vor

Um möglichst viele Menschen zu erreichen, bietet die Initiative Info-Materialien an. Dazu gibt es eine übersichtlich gestaltete Karte für die Planung eines Spazierganges. Diese Karte ist in der faktenreichen Broschüre »**DENK**ORTE Neustadt zwischen Huckelriede und dem Leibnizplatz« enthalten. Darin werden ausführliche Informationen zu zwölf Orten mit NS-Bezug bereitgestellt. Erhältlich ist diese Publikation im Sekretariat der Wilhelm-Kaisen-Oberschule, Valckenburgstraße 1–3, beim Quartiersmanager Huckelriede, Niedersachsendamm 42, und in der Buchhandlung am Buntentorsteinweg 107.

Die Initiative bietet auf Anfrage Gruppenführungen an. Diese können sowohl zu Fuß als auch mit dem Rad durchgeführt werden. In etwa 90 bis 120 Minuten werden interessante Fakten und Hintergründe zum jeweiligen Ort vermittelt. Weiterführende Details von mehr als 330 weiteren Spuren, die die Zeit des Nationalsozialismus in ganz Bremen schildern, können auf **www.spurensuche-bremen.de** nachgelesen werden. Kontakt: info@spurensuche-bremen.de

Nützliche Adressen

Stand 01.03.2023

Änderungen wahrscheinlich
Jeweils eine Auswahl

Freizeit & Kultur

Atelier Buch und Tuch

Lahnstraße 15, 28199 Bremen
Tel.: 0421-5 96 23 61, Fax: 0421-3 39 85 84
E-Mail: info@buchundtuch.de
Webseite: www.buchundtuch.de

BLAUGRAU

Atelier für Malerei, Collagen, Siebdruck und Fotografie
Buntentorsteinweg 92, 28201 Bremen
E-Mail: melgrool@web.de
Webseite: www.atelier-blaugrau.de

Kulturzentrum KUKOON

Buntentorsteinweg 29, 28201 Bremen
Tel.: 0421-68 49 67 89
E-Mail: info@kukoon.de
Webseite: www.kukoon.de

Kunst [ ] Raum

Rückertstraße 21, 28199 Bremen
Tel.: 04205-88 22
Mobil: 0151-12 75 59 83
E-Mail: kunstraum-bremen@t-online.de

Musikerinitiative Bremen

Buntentorsteinweg 112, 28201 Bremen
Tel.: 0421-55 21 41
E-Mail: email@musikerinitiative-bremen.de

bremer shakespeare company

Theater am Leibnizplatz
Schulstraße 26, 28199 Bremen
Tel.: 0421-50 02 22, Fax: 0421-50 33 72
E-Mail: info@shakespeare-company.com
Webseite: www.shakespeare-company.com

compania t

Friedrich-Wilhelm-Straße 23, 28199 Bremen
Tel.: 0421-39 09 93 93, Fax: 0421-39 09 93 95
E-Mail: mail@compania-t.de
Webseite: www.compania-t.de

GuT Theater

Buntentorsteinweg 21/Ecke Meyerstraße 4
28201 Bremen
Tel.: 0421-68 54 78 96
E-Mail: kontakt@gut-theater.de
Webseite: www.gut-theater.de

Jokes Die Circusschule

Kornstraße 315 a, 28201 Bremen
Tel./Fax: 0421-161 475 56
Webseite: www.circusjokes.de

Schnürschuh Theater

Buntentorsteinweg 145, 28201 Bremen
Tel.: 0421-55 54 10
E-Mail: buero@schnuerschuh-theater.de
E-Mail für Karten: karten@schnuerschuh-theater.de
Webseite: www.schnuerschuh-theater.de

Schwankhalle

Buntentorsteinweg 112/116, 28201 Bremen
Tel.: 0421-52 08 07 10
Tickets: 0421-5 20 80 70 (AB)
E-Mail: mail@schwankhalle.de

Theater Witt

Friedrich-Wilhelm-Straße 23, 28199 Bremen
Tel.: 0421-39 09 93 93
Fax: 0421-39 09 93 95
E-Mail: mail@theaterwitt.de
Webseite: www.theaterwitt.de

Jugendfreizeitheim Neustadt

Thedinghauserstraße 115B, 28201 Bremen
Tel.: 0421- 696 287 39
E-Mail: jfh-neustadt@drk-bremen.de

Jugendzentrum Buntentor

Geschwornenweg 11A, 28201 Bremen
Tel.: 0421-55 90 06 86
E-Mail: jfh.buntentor@sofa-ev.de
Webseite: www.jugendzentrum-buntentor.de

Modernes

Neustadtswall 28, 28199 Bremen
Tel.: 0421-50 55 53, Fax: 0421-50 66 90
E-Mail: mail@modernes.de

Sportvereine (eine Auswahl)

ATS Buntentor – Sporthaus

Kornstraße 157, 28201 Bremen
Tel: 01573-1 63 06 52
E-Mail: mitgliederverwaltung@atsbuntentor.de
Webseite: www.atsbuntentor.de/

Bremer Sport-Club

Werderstraße 66, 28199 Bremen
Tel.: 0421-5 57 88 30, Fax: 0421-5 57 88 81
E-Mail: kontakt@bremer-sc.de
Webseite: https://bremersc.de

BTS Neustadt

Erlenstraße 85a, 28199 Bremen
Tel.: 0421-59 80 45 3
Webseite: www.btsneustadt-bremen.de

Tennis-Club »Schwarz-Weiss«

Erlenstraße 85a, 28199 Bremen
Tel.: 0421-50 25 77
E-Mail: sw-bremen@gmx.de

Bremer Ruder-Club HANSA

Werderstr. 64, 28199 Bremen
Tel.: 0421-57 81 04 87
E-Mail: mail@brc-hansa.de
Webseite: www.brc-hansa.de

Bremer Ruderverein von 1882

Werderstraße 60, 28199 Bremen
Tel.: 0421-53 29 50
E-Mail: office@bremer-ruderverein.de
Webseite: www.bremer-ruderverein.de

Bremer Sport-Club / Ruderabteilung

Werderstraße 66, 28199 Bremen
Tel.: 0421-5 57 80 30
Webseite: www.rudern-bsc.de

Weitere Sportangebote (eine Auswahl)

AIKIDO-INSTITUT BREMEN

Westerstraße 68, 28199 Bremen
Tel.: 0421-50 22 28
E-Mail: info@aikido-bremen.de
Webseite: www.aikido-bremen.de

CrossFit Nordlicht

Industriestraße 20, 28199 Bremen
Tel.: 0177-4 79 66 08
E-Mail: info@nordlichtfitness.de
Webseite: www.nordlichtfitness.de

Fitnessgalerie Bremen Neustadt

Industriestraße 12, 28199 Bremen
Tel.: 0421-9 89 85 40
E-Mail: info@fitnessgalerie-neustadt.de
Webseite: www.fitnessgalerie-neustadt.de

FitnessLOFT Bremen Süd

Volkmannstraße 2–4, 28201 Bremen
Tel.: 0421-5 96 63 41
E-Mail: bremen-sued@fitnessloft.de
Webseite: www.fitnessloft.de/fitnessstudios/bremen-sued

GRAPPLE & STRIKE

Richard-Dunkel-Straße 120, 28199 Bremen
Tel.: 0421-89 75 46 41
E-Mail: info@grappleandstrike.de
Webseite: www.grappleandstrike.de

Südbad

Neustadtswall 81, 28199 Bremen
Tel.: 0421-95 97 10
E-Mail: suedbad@bremer-baeder.de
Webseite: www.bremer-baeder.de

Kleingartenvereine

Kleingärtnerverein Beim Kuhhirten e.V.

Auf den Bleichen 15/17, 28201 Bremen
Tel.: 0421-222 90 666
E-Mail: vorstand@kgvbeimkuhhirten.de
Webseite: www.kgvbeimkuhhirten.de

Kleingärtnerverein Marienblume am Werdersee

Kuhhirtenweg 92, 28201 Bremen
Tel.: 0151-54 90 66 62
E-Mail: klgv.marienblume@bremen.de
Webseite: marienblume-bremen.de

Kleingärtnerverein Neuenland e. V.

E-Mail: KGV.Neuenland@gmx.de
Webseite: www.kgvneuenland-bremen.de

Kleingärtnerverien Fortschritt e.V. Bernhard Kapp

Kantstraße 91, 29201 Bremen
Tel.: 0421-53 07 47

Kleingartenverein »Am Krähenberg« e.V.

Sielgrabenweg 12A, 28201 Bremen
Tel.: 0172-9 40 28 71
E-Mail: vorsitzender@kgvamkraehenberg.de
Webseite: www.kgvamkraehenberg.de

Kleingartenverein am Werdersee e. V.

Deichschartweg 26, 28201 Bremen
Tel.: 0421-82 41 65
E-Mail: kontakt@kgv-am-werdersee.de
Webseite: www.kgv-am-werdersee.de

Kleingartenverein Helgoland-Westerland e. V.

Bochumer Straße 83Z, 28199 Bremen
E-Mail: vorstand@kgv-hwe.de
Webseite: www.kgv-hwe.de

Kleingartenverein Werder e. V.

Ritaweg 44, 28201 Bremen
Tel.: 0421-5 57 89 77

Die Auflistung der Kleingartenvereine ist nicht vollständig. Weitere Details siehe Seite 36.

Hotels & Pensionen (eine Auswahl)

ATLANTIC Hotel Airport

Flughafenallee 26, 28199 Bremen
Tel.: 0421-5 57 10, Fax: 0421-5 57 11 00
E-Mail: airport@atlantic-hotels.de
Reservierungen: reservierung.aha@atlantic-hotels.de

Airportgästehaus Bremen

Neuenlander Straße 81B, 28199 Bremen
Tel.: 0421-2 21 70 21, Mobil: 0179-01 00 42 25
E-Mail: info@airportgaestehaus.de
Webseite: www.airportgaestehaus.de

EuroStopas

Hohentorsheerstraße 112, 28199 Bremen
Tel.: 0172-5 89 79 68
E-Mail: info@eurostopas.de
Webseite: www.eurostopas.de/de/leistungen.html

Holiday Inn Express Bremen Airport

Hanna-Kunath-Strasse 5, 28199 Bremen
Tel.: 0421-32 28 50
Webseite: www.ihg.com

Hotel-Pension Haus Neustadt

Graudenzer Straße 33, 28201 Bremen
Tel.: 0421-55 17 49
Webseite: www.haus-neustadt.de

Pension Arte P73

Pappelstraße 73, 28199 Bremen
Tel.: 01520-17 99 26 4
E-Mail: uebernachten@artep73.de

Pension Sanni

Langemarckstraße 176, 28199 Bremen
Tel.: 0421-50 82 63 oder 0421-32 29 88 58
Mobil: 0170-2 92 69 29
E-Mail: info@pension-sanni.de
Webseite: www.pension-sanni.de

TRYP by Wyndham Bremen Airport

Neuenlander Straße 55, 28199 Bremen
Tel.: 0421-52 26 80
E-Mail: info@trypbremenairport.com
Webseite: www.trypbremenairport.com/de

www.FreieBettenBremen.de

Kindergärten & Kindertagesstätten (eine Auswahl)

Elternverein Neustädter Spatzen e. V.

Hohentorsheerstraße 112, 28199 Bremen
Tel.: 0421-59 42 62
E-Mail: info@neustaedter-spatzen.de
Webseite: http://neustaedter-spatzen.de

Kinder- und Familienzentrum Delmestraße

Delmestraße 153, 28199 Bremen
Tel.: 0421-3 61 57 09, Krippe: 0421-36 12 41 70
E-Mail: Delmestr@kita.bremen.de
Webseite: www.kita.bremen.de

Kinder- und Familienzentrum Hardenbergstraße

Hardenbergstraße 18, 28201 Bremen
Tel.: 0421-3 61 57 59
E-Mail: Hardenbergstr@kita.bremen.de
Webseite: www.kita.bremen.de

Kinder- und Familienzentrum Hohentor

Langemarckstraße 113, 28199 Bremen
Tel.: 0421-3 61 82 47
E-Mail: Hohentor@kita.bremen.de
Webseite: www.kita.bremen.de

Kinder- und Familienzentrum Kornstraße

Kornstraße 315/317, 28201 Bremen
Tel.: 0421-3 61 57 58
E-Mail: Kornstr@kita.bremen.de
Webseite: www.kita.bremen.de

Kinder- und Familienzentrum Mainstraße (Horthaus)

Mainstraße 18, 28199 Bremen
Tel.: 0421-36 15 93 19
Webseite: www.kita.bremen.de

Kinder- und Familienzentrum Neustadtswall

Neustadtswall 80, 28199 Bremen
Tel.: 0421-3 61 82 33
E-Mail: Neustadtswall@kita.bremen.de
Webseite: www.kita.bremen.de

Kinder- und Familienzentrum Thedinghauser Straße

Thedinghauser Straße 74, 28201 Bremen
Tel.: 0421-3 61 57 38
E-Mail: ThedinghauserStr@kita.bremen.de
Webseite: www.kita.bremen.de

Kindergruppe Schmetterlinge e. V.

Aßmannshauser Straße 39, 28199 Bremen
Tel.: 0421-5 97 99 36
E-Mail: info@schmetterlinge-bremen.de
Webseite: https://schmetterlinge-bremen.de

Kindergruppe Socke e. V.

Erlenstraße 76, 28199 Bremen
Tel.: 0421-5 28 94 59
E-Mail: socke@hs-bremen.de
Webseite: http://kindergruppe-socke.de

KiTa Sonneninsel

Große Johannisstraße 137–139, 28199 Bremen
Tel.: 0421-5 97 97 47
E-Mail: a.voltermann@nordlicht-kitas.de
Webseite: www.sonneninsel-bremen.de

Kita Matthias-Claudius

Vereinigte Ev. Gemeinde Bremen-Neustadt
Wilhelm-Raabe-Straße 1, 28201 Bremen
Tel.: 0421-69 66 56 60, Fax: 0421-69 66 56 69
E-Mail: kita.matthias-claudius@kirche-bremen de

Kindertagesstätte Ev. St. Jakobi-Gemeinde

Buntentorsteinweg 149, 28201 Bremen
Tel: 0421-52 62 99 80
E-Mail: kita.st-jakobi-arche@kirche-bremen.de

SOS-Kinder- und Familienzentrum Huckelriede

Niedersachsendamm 20a, 28201 Bremen
Tel: 0421-5 97 12 72

Zauberlehrlinge e. V.

Osterstraße 17, 28199 Bremen
Tel: 0421-1 61 46 17
E-Mail: zauberlehrlinge.bremen@gmx.de
Webseite: https://zauberlehrlingebremen.de

Schulen & Hochschulen

Grundschule am Buntentorsteinweg

Buntentorsteinweg 245, 28201 Bremen
Tel.: 0421-36 15 95 31
Fax: 0421-36 15 92 67
E-Mail: 024@bildung.bremen.de
Webseite: www.024.joomla.schule.bremen.de

Grundschule an der Oderstraße

Oderstraße 75, 28199 Bremen
Tel.: 0421-3 61 82 28
Fax: 0421-36 11 70 63
E-Mail: 088@bildung.bremen.de

Grundschule Helene-Kaisen-Schule

Valckenburghstraße 1 A, 28201 Bremen
Tel.: 0421-361 31 008
E-Mail: 063@bildung.bremen.de
Webseite: www.helenekaisen.schule.bremen.de

Ganztagsgrundschule an der Karl-Lerbs-Straße

Karl-Lerbs-Straße 70A, 28201 Bremen
Tel.: 0421-36 15 95 61
Fax: 0421-36 15 95 71
E-Mail: 065@bildung.bremen.de
Webseite: www.schule-kls.de

Grundschule Schule an der Kantstraße

Kantstraße 63, 28201 Bremen
Tel.: 0421-36 15 95 41
E-Mail: 064@bildung.bremen.de
Webseite: www.kant.schule.bremen.de

Oberschule am Leibnizplatz

Schulstraße 24, 28199 Bremen
Tel: 0421-3 61 57 85
E-Mail: 506@bildung.bremen.de
Webseite: www.leibnizplatz.de

Wilhelm-Kaisen-Oberschule

Valckenburghstraße 1–3, 28201 Bremen
Tel.: 0421-36 15 93 30, Fax: 0421-36 15 93 33
E-Mail: 436@bildung.bremen.de
Webseite: www.wilhelm-kaisen-os.de

Schulzentrum Neustadt

Berufliche Schulen für Hauswirtschaft
und Sozialpädagogik
Delmestraße 141B, 28199 Bremen
Tel: 0421-36 11 83 40
Fax: 0421-36 11 83 51
E-Mail: 364@bildung.bremen.de

Hochschule Bremen

Neustadtswall 30 & Werderstraße 73, 28199 Bremen
Tel.: 0421-5 90 50, Fax: 0421-59 05 22 92
E-Mail: info@hs-bremen.de
Website: www.hs-bremen.de

Museen

Gesellschaft für Aktuelle Kunst

Teerhof 21, 28199 Bremen
Tel.: 0421-50 08 97
E-Mail: office@gak-bremen.de
Webseite: www.gak-bremen.de

Künstlerhaus Bremen

Verein zur Förderung von Kunst und Kultur e. V.
Am Deich 68/69, 28199 Bremen
Tel.: 0421-5 98 04 12, Fax: 0421-50 83 05
Webseite: www.kuenstlerhausbremen.de/de

Olbers-Gesellschaft Bremen

Sternwarte/Planetarium
Werderstraße 73, 28199 Bremen
Tel.: 0421-16 76 77 06
E-Mail: olbers@olbers-gesellschaft.de
Webseite: www.olbers-gesellschaft.de

Weserburg Museum für moderne Kunst

Teerhof 20, 28199 Bremen
Tel.: 0421-59 83 90
E-Mail: info@weserburg.de
Webseite: https://weserburg.de

Religiöse Einrichtungen

Abu Bakr Moschee

Duckwitzstraße 23, 28199 Bremen
Tel.: 0421-9 59 67 69

Bilal-I Habeschi Camii Moschee

Kornstraße 571, 28201 Bremen
Tel.: 0421-87 58 60

DAAWA Moschee

Hohentorstraße 71, 28199 Bremen
Tel.: 0172 70 77 45 57
E-Mail: zainsammar@t-online.de

Igmg GT Bremen Neustadt

Kantstraße 98, 28201 Bremen
Tel.: 0421-53 39 90

Gurdwara Darshan Sahib

Neuenlander Straße 79C, 28199 Bremen
Tel.: 0421-1 65 34 34
E-Mail: gurdwara.bremen@yahoo.de

Evangelische Hohentorsgemeinde Bremen

Hohentorsheerstr. 15–17, 28199 Bremen
Tel.: 0421-50 06 88
E-Mail: website@hohentor.de
Webseite: http://hohentor.de

Vereinigte Ev. Gemeinde Bremen-Neustadt

Franziuseck 2–4, 28199 Bremen
Tel.: 0421-55 97 0
E-Mail: kirchenkanzler@kirche-bremen.de
Webseite: www.kirche-bremen.de/neustadt

St. Jakobi-Gemeinde

Bremische Evangelische Kirche
Kirchweg 57, 28201 Bremen
Tel.: 0421-55 08 28, Fax: 0421-5 34 01 32
E-Mail: st-jakobi@kirche-bremen.de
Webseite: www.kirche-bremen.de/st-jakobi-neustadt

Ärzte & Krankenhäuser (eine Auswahl)

Allgemeinmedizinische Gemeinschaftspraxis

Karl-Lerbst-Straße 72, 28201 Bremen
Tel.: 0421-53 53 23

Dr. med. dent. Thomas Liepe

Buntentorsteinweg 498, 28201 Bremen
Tel.: 0421-87 06 11
Fax: 0421-87 06 25
E-Mail: info@drthomasliepe.de
Webseite: www.drthomasliepe.de

Zahnarztpraxis Dr. med. dent. Andrea Vossmeyer

Gastfeldstraße 91, 28201 Bremen
Tel.: 0421-55 11 44
E-Mail: info@dr-vossmeyer.de
Webseite: www.zahnarztpraxis-vossmeyer.de

HNO Praxis Bremen – Oliver Froböse

Meyerstraße 1, 28201 Bremen
Tel.: 0421-55 36 36
Fax: 0421-5 57 81 33
Webseite: www.hno-aerzte-im-netz.de/aerzte/bremen/bremen_froboese/startseite.html

HNO-Gemeinschaftspraxis Dr. Terjung & Dr. Schiel

Friedrich-Ebert-Straße 59, 28199 Bremen
Tel.: 0421-8 49 27 70
Fax: 0421-84 92 77 18
E-Mail: info@praxis-terjung-schiel.de
Webseite: www.praxis-terjung-schiel.de

HNO-Praxis Dres. med. Sandker und Wenke

Langemarckstraße 179, 28199 Bremen
Tel.: 0421-50 22 20, Fax: 0421-50 22 29
Webseite: www.hno-wenke.de

Orthopädische Praxis

Osterstraße 1A, 28199 Bremen
Tel.: 0421-55 20 32, Fax: 0421-5 57 85 15
E-Mail: info@orthopaede-in-bremen.de
Webseite: www.orthopaede-in-bremen.de

Zahnarztpraxis Dr. Slavica & Dr. Blazo Gojnic

Friedrich-Ebert-Straße 114–116, 28201 Bremen
Tel.: 0421-55 26 55
E-Mail: gojnic@t-online.de
Webseite: https://www.zahnaerzte-gojnic.de/

Praxis für Zahnheilkunde Dr. Ralf Lauenstein

Westerstraße 17, 28199 Bremen
Tel.: 0421-59 23 59, Fax: 0421-59 10 59
E-Mail: info@zahnteam-bremen.de
Webseite: www.zahnteam-bremen.de

Roland-Klinik

Niedersachsendamm 72/74, 28201 Bremen
Tel.: 0421-8 77 80
Fax: 0421-8 77 82 67
E-Mail: info@roland-klinik.de
Webseite: www.roland-klinik.de
Die Roland-Klinik ist spezialisiert auf sämtliche Bereiche der Orthopädie und Handchirurgie – operativ sowie konservativ.

Rotes Kreuz Krankenhaus

St.-Pauli-Deich 24, 28199 Bremen
Zufahrt über Osterstraße
Tel.: 0421-55 99-0, Fax: 0421-5 59 93 51
E-Mail: info@roteskreuzkrankenhaus.de
Webseite: www.roteskreuzkrankenhaus.de

Siehe Firmenporträt Seite 189

Dienstleistungen

Kalle Co-Werkstatt

Kornstraße 283, 28201 Bremen
E-Mail: moin@kalle-co-werkstatt.de

Recycling-Station »plus« Hohentor

Am Hohentorsplatz 8, 28199 Bremen
Tel.: 0421-36 13 611

SB Waschcenter Neustadt

Kornstraße 67, 28201 Bremen
Tel.: 0176-23 19 52 17

Wasch-O-Mat in Bremen

Friedrich-Ebert-Straße/Ecke Erlenstraße 106
28199 Bremen

Nachhilfe-Kellner

St.-Pauli-Deich 3, 28199 Bremen
Tel: 0421-77 86 6
E-Mail: nachhilfe@kellnerverlag.de

Infos zu Dienstleistungen in Bremen von A bis Z

www.service.bremen.de

Apotheken (eine Auswahl)

Apotheke an der Kleinen Weser

Osterstraße 74, 28199 Bremen
Tel.: 0421-49 95 07 78
E-Mail: apotheke@kleineweser.de
Webseite: www.apotheke-kleineweser.de

Delme-Apotheke

Pappelstraße 91, 28199 Bremen
Tel: 0421-50 02 01
Fax: 0421-5 98 02 27
E-Mail: delme-apotheke@t-online.de
Webseite: www.delme-apotheke.de

Fontane-Apotheke

Karl-Lerbs-Straße 2, 28201 Bremen
Tel.: 0421-55 33 22
E-Mail: info@apotheke-bremen-gartenstadt-sued.de

Greif-Apotheke

Buntentorsteinweg 25/27, 28201 Bremen
Tel.: 0421-53 69 70
Fax: 0421-5 36 97 20
E-Mail: info@greif-apotheke.de
Webseite: www.greif-apotheke.de

Hohentor-Apotheke

Langemarckstraße 183, 28199 Bremen
Tel.: 0421-8 09 32 12
Fax: 0421-8 09 32 13
Webseite: www.hohentor-apotheke-bremen.de

Huckelriede-Apotheke

Kornstraße 607, 28201 Bremen
Tel.: 0421-87 15 30
Fax: 0421-8 71 53 30
E-Mail: apohuckel@t-online.de

Nettelbeck-Apotheke

Kornstraße 120, 28201 Bremen
Tel.: 0421-55 07 05, Fax: 0421-53 53 42
E-Mail: aponettel@t-online.de
Webseite: www.nettelbeck-apotheke-bremen.de

Senioren & Beratungen

Dienstleistungszentrum für Senioren

Zuständig für alle Ortsteile westlich der Friedrich-Ebert-Straße
Lahnstraße 65, 28199 Bremen
Tel.: 0421-59 81 41 1
E-Mail: www.dlz-neustadt@awo-bremen.de

Dienstleistungszentrum für Senioren

Zuständig für alle Ortsteile östlich der Friedrich-Ebert-Straße
Kornstraße 371, 28201 Bremen
Tel.: 0421-87 79-0
Fax: 0421-87 79-345
E-Mail: st.michael@caritas-bremen.de
Webseite: www.caritas-bremen.de/beratung-hilfe/leben-im-alter/dlz

Begegnungszentrum »Buntentor«

Buntentorsteinweg 114, 28201 Bremen
Tel.: 0421-55 15 00
Webseite: www.johanniter.de/einrichtungen/begegnungsstaetten/begegnungszentrum-buntentor-in-bremen/

Die Recyclingstation zwischen dem Hohentorspark sowie der Feuerwache

Ämter & Polizei

Amt für Soziale Dienste

Große Sortilienstraße 2–18, 28199 Bremen
Tel.: 0421-36 17 99 00
Webseite: www.amtfuersozialedienste.bremen.de

Eichamt Bremen

Häschenstraße 14, 28199 Bremen
Tel.: 0421-3 61 84 41
E-Mail: office@eichamt.bremen.de

Feuerwehr Wache 4

Woltmershauser Allee 1, 28199 Bremen
Tel.: 0421-30 300
E-Mail: office@feuerwehr.bremen.de

Hauptzollamt Bremen

Kontrolleinheit Flughafen Bremen
Flughafenallee 23, 28199 Bremen
Tel.: 0421-38 97 25 42
Fax: 0421-38 97 25 49
E-Mail: poststelle.hza-bremen@zoll.bund.de

Jobcenter Bremen Geschäftsstelle Süd

Neuenlander Straße 10, 28199 Bremen
Tel.: 0421-5 66 00
E-Mail: jobcenter-bremen.sued@jobcenter-ge.de
Webseite: www.jobcenter-bremen.de

Ortsamt Neustadt/ Woltmershausen

Neustadtscontrescarpe 44,
28199 Bremen
Tel.: 0421-3 61 81 73
E-Mail: office@oaneustadt.bremen.de
Webseite: www.ortsamt-woltmershausen.bremen.de

Das Ortsamt neben dem SOS-Familienzentrum

Polizeirevier Bremen Neustadt

Otto-Lilienthal-Straße 15/17, 28199 Bremen
Tel.: 0421-36 20
Webseite: www.polizei.bremen.de/dienststellen

Recyclingstation »plus« Hohentor

Woltmershauser Allee 3, 28199 Bremen
Tel: 0421-361-3611
Öffnungszeiten:
Mo-Fr 9–17 Uhr, Sa 9–13 Uhr

Zollamt Flughafen

Hanna-Kunath-Straße 12, 28199 Bremen
Tel.: 0421-38 97 25 25
Fax: 0421-38 97 25 26
E-Mail: poststelle.za-bremen-flughafen@zoll.bund.de

Impressionen aus der Neustadt

Was und wo ist das?

Weitere Bücher aus dem KellnerVerlag

Johann-Günther König

Der Osterdeich

Viel Wissenswertes befindet sich in dieser erstmaligen Würdigung des Osterdeiches. Seit seiner Errichtung ab 1850 in altdeutscher Exkurs ›Achtern Diek‹ aus 1908 von Georg Droste vervollständigt diese umfassende Darstellung. **Alle Häuser werden gezeigt** und bilden das farbige Panorama dieses einmaligen Nachschlagewerkes. Was es über den Osterdeich zu wissen gilt, ist in diesem Buch!

128 Seiten, 21 x 15 cm, viele Fotos, ISBN 978-3-95651-109-7, **€ 16,90**

Rolf Diehl / Frank Obergethmann

Die Bremer Vahr

Bei ihrer Entstehung ab Mitte der 1950er-Jahre ist die Neue Vahr Europas größtes Bauvorhaben, notwendig geworden durch die immense Wohnungsnot nach dem Zweiten Weltkrieg. Heute ist sie ein hübsch begrünter Stadtteil Bremens, der zudem bereichert wird von Menschen aus anderen Kulturen und der generationenübergreifend gemischten Bevölkerung. Das Buch bietet geschichtliche Daten, Fakten, und viele Fotos.

248 Seiten, 13 x 21 cm, viele Farbfotos, **€ 9,90**
2. Auflage ISBN 978-3-95651-031-1

Hans-Peter Mester / Ulrike Pala

Der Bremer Westen

In ›Der Bremer Westen‹ werden die Stadtteile Findorff, Walle und Gröpelingen sowie Oslebshausen und Überseestadt informativ nach historischen, wirtschaftlichen und soziokulturellen Aspekten beschrieben. Hans-Peter Mester war von 2004 bis 2012 Leiter des Ortsamtes West und kennt sich aus. Ebenso die Ortsamtsleiterin (2013-2023) und Autorin Ulrike Pala. Zahlreiche farbige Fotos, Hintergrundinformationen und nützliche Adressen runden das Bild vom Bremer Westen ab.

224 Seiten, 13,5 x 21 cm, viele Farbfotos, ISBN 978-3-95651-047-2, **€ 9,90**

Horst Pilster

Das Viertel

Die Östliche Vorstadt gehört aufgrund ihrer historisch geprägten Vergangenheit zu den interessantesten Orten in Bremen. Horst Pilster offenbart in diesem Führer, welche beeindruckenden Ereignisse sich hinter den unscheinbaren Fassaden verbergen.

312 Seiten, 13,5 x 21 cm, ISBN 978-3-95651-240-7, **€16,90**

Erhältlich im Buchhandel
oder direkt beim: ***KellnerVerlag***
St.-Pauli-Deich 3 • 28199 Bremen
Tel.: 04 21-77 8 66
info@kellnerverlag.de • www.kellnerverlag.de